BIBLIOTHÈQUE ANECDOTIQUE
ET LITTÉRAIRE

LES
LÉGENDES DE L'ART

MUSICIENS

OUVRAGE ILLUSTRÉ DE 30 GRAVURES

DONT 7 PLANCHES HORS TEXTE

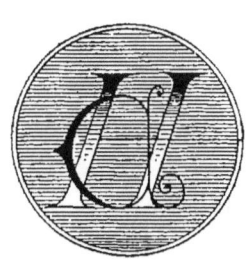

PARIS
LIBRAIRIE D'ÉDUCATION A. HATIER
33, QUAI DES GRANDS-AUGUSTINS, 33

Tous droits réservés

BIBLIOTHÈQUE ANECDOTIQUE
ET LITTÉRAIRE

LES

LÉGENDES DE L'ART

MUSICIENS

Série grand in-8° raisin

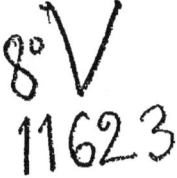

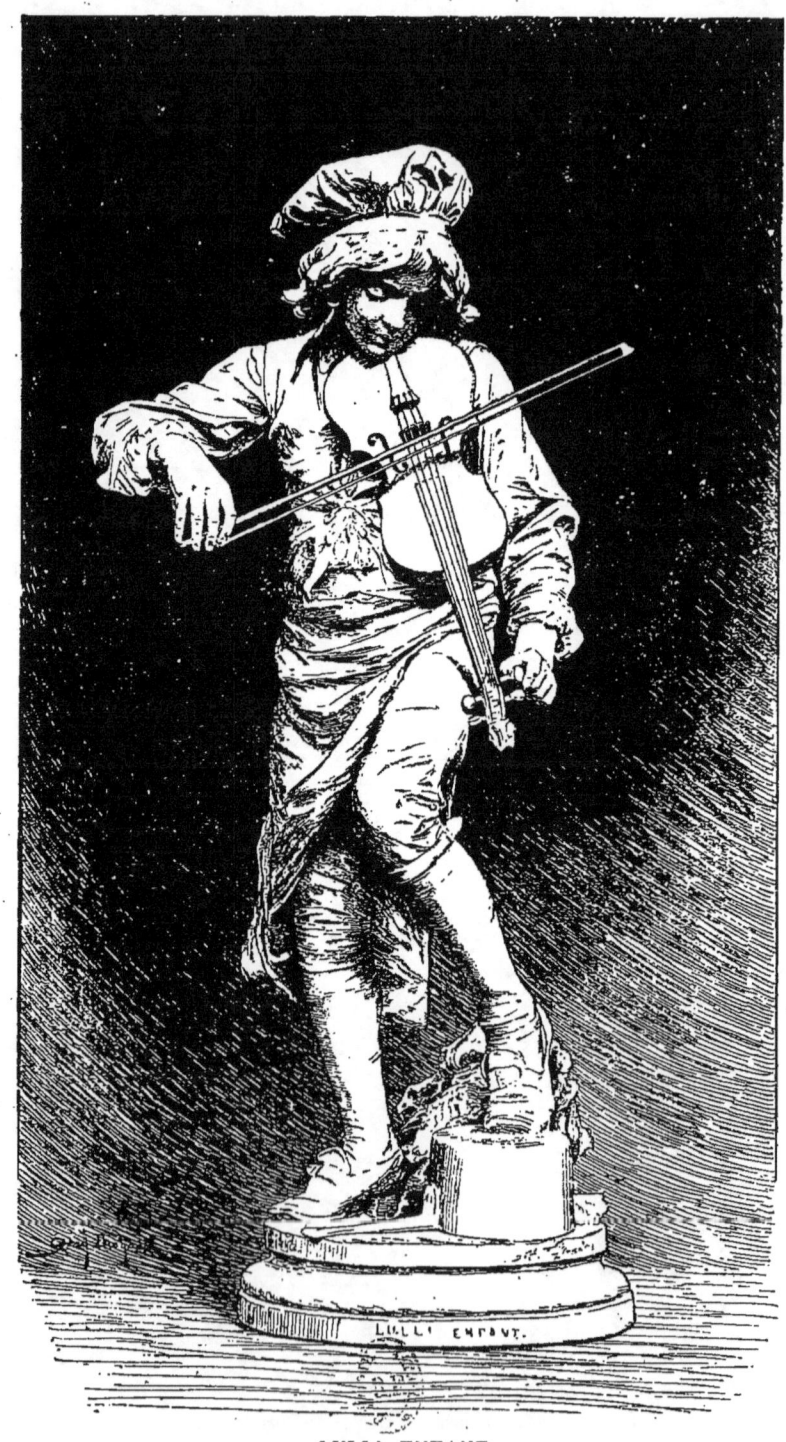

LULLI ENFANT
D'après le plâtre d'Adrien Gaudez.

BIBLIOTHÈQUE ANECDOTIQUE
ET LITTÉRAIRE

LES
LÉGENDES DE L'ART

MUSICIENS

OUVRAGE ILLUSTRÉ DE 30 GRAVURES

DONT 7 PLANCHES HORS TEXTE

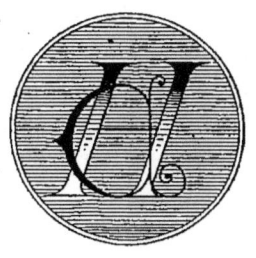

PARIS
LIBRAIRIE D'ÉDUCATION A. HATIER
33, QUAI DES GRANDS-AUGUSTINS, 33

Tous droits réservés

AVERTISSEMENT

Une étude intéressante entre toutes est celle de l'art; pourtant aucune n'est moins mise à la portée des enfants. On ne leur présente le plus souvent que de froides et sèches biographies d'artistes, sans attrait pour eux. Il nous a semblé que le récit des circonstances anecdotiques, curieuses, dramatiques, qui ont déterminé ou accompagné la création des chefs-d'œuvre de nos grands maîtres, frapperait bien autrement les jeunes imaginations, et, tout en les captivant, saurait leur faire comprendre ce qu'est l'art en lui-même, et dans quel domaine particulier d'idées l'artiste se meut et manifeste sa vocation.

De là l'idée de ce recueil.

Nous souhaitons que la jeunesse des écoles trouve dans la lecture de ces récits autant d'intérêt que nous avons eu de plaisir à les rassembler. Ce sera pour elle le premier pas fait vers la compréhension des œuvres immortelles dont, à moins de dispositions exceptionnelles, une éducation plus complète peut, seule, nous faire sentir les beautés.

L'ÉDITEUR.

LULLI

(1633-1687)

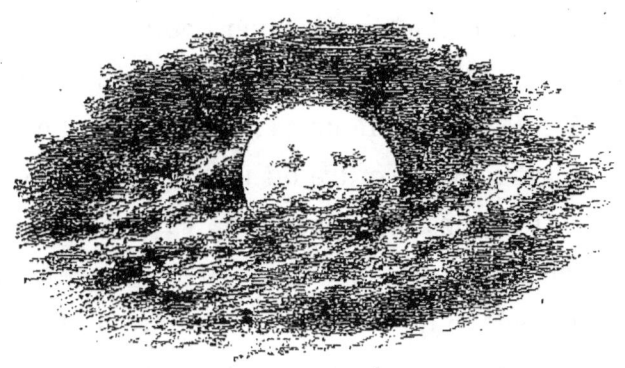

LA CHANSON « AU CLAIR DE LA LUNE »

Vers l'an 1650, on voyait à Paris, à l'un des angles d'un carrefour peu éloigné de Saint-Eustache, une pâtisserie d'assez pauvre apparence, tenue par un certain Crépon, excellent homme, mais très médiocre pâtissier. Il est vrai que sa profession était le moindre de ses soucis, et qu'il lui préférait de beaucoup une occupation d'un genre tout différent ; ce qu'il exprimait lui-même par ces deux méchants vers, qu'il se plaisait à répéter :

> Tout homme de bon goût et de bon sens estime,
> Qu'aucun pâté ne vaut une excellente rime.

C'était donc au talent de rimeur que prétendait l'honnête pâtissier, et il était parvenu à rimer, sinon bien, du moins très facilement, en sorte qu'il parlait en mauvais vers presque aussi vite que l'on parle généralement en prose. Mais ce succès lui avait coûté cher ; car sa manie l'avait peu à peu conduit à la misère. Pour rien au monde, il n'eût donné à un de ses garçons un ordre ou une explication qui ne fût en vers, et, si l'expression exacte de sa pensée ne pouvait aisément s'accorder avec la mesure ou avec la rime, Crépon, très humble esclave de l'une et de l'autre, plutôt que de se soustraire à leurs exigences, sacrifiait sa pensée et disait tout autre chose que ce qu'il voulait et devait dire. De là des malentendus qui, mécontentant ses clients et décourageant ses garçons, finirent par éloigner les uns, chasser les autres et faire de sa pauvre pâtisserie une parfaite solitude.

Il est vrai qu'une clientèle d'un autre genre ne tarda pas à remplacer celle que Crépon avait perdue ; mais pour bien comprendre ceci, il faut que nos lecteurs sachent que, vis-à-vis la boutique du pâtissier, se trouvait l'échoppe d'un écrivain public. Pierre Janrat, c'était le nom de ce personnage, écrivait pour tous ceux qui ne savaient pas écrire, et leur prêtait, moyennant quelques sous, sa plume, son style, son éloquence. Ce métier, qui consistait à vivre de l'ignorance d'autrui, était assez lucratif à une époque où le nombre des ignorants était fort grand parmi les gens du peuple ; aussi, autant la boutique du pâtissier était déserte, autant l'échoppe de l'écrivain était fréquentée.

Un jour, une cuisinière à la recherche d'une place, ayant voulu s'adresser à Janrat, ne le trouva point dans son échoppe ; apercevant Crépon sur la porte de sa boutique, elle lui demanda si l'écrivain rentrerait bientôt, Crépon répondit :

> Vous me demandez, cuisinière,
> Quand mon voisin Pierre Janrat,
> Dans son échoppe rentrera,
> Quand rentrera mon voisin Pierre ?
>
> Mais je vous déclare, ma chère,
> Que je ne sais rien de cela,
> Et que, sur cet article-là,
> Je suis d'une ignorance entière.

C'était la première fois de sa vie que la cuisinière entendait un semblable langage ; aussi, resta-t-elle ébahie devant Crépon, qui continuait de lui parler sur le même ton, sans plus hésiter que s'il se fût agi de lui dire tout simplement bonjour ou bonsoir. Dans sa surprise, elle ouvrait de si grands yeux et une si grande bouche que le pâtissier, croyant qu'elle avait faim, changea tout à coup de sujet et fit à la cuisinière les offres les plus séduisantes : J'ai, lui dit-il,

> J'ai des tartes et des galettes,
> Des pâtés chauds, des pâtés froids,
> Des tourtes, vrai manger de rois,
> Des croquets, manger de fillettes ;
> J'ai des massepains excellents.
> Des échaudés bons pour les dents,
> Des biscuits tout sucre et tout crème,
> Des brioches que chacun aime.
> Entrez, mangez ; je suis Crépon,
> Pâtissier du roi du Japon.

Le *roi du Japon* arrivait là pour rimer avec *Crépon*, et l'énumération tout entière n'était en réalité qu'une licence poétique. Mais la cuisinière qui ne connaissait ni les exigences de la rime, ni les licences de la poésie, prit à la lettre la tirade de Crépon, et se figura qu'il fournissait de pâtisserie quelque table royale. Elle entra donc avec empressement dans la boutique ; mais, hélas ! quelle déception ! Au lieu de toutes les friandises annoncées, elle ne trouva que quelques rares croquets, aussi durs que les planches sur lesquelles ils semblaient avoir été depuis longtemps oubliés. Elle allait peut-être demander au pâtissier si c'était le roi du Japon qui avait tout mangé ; mais Crépon ne lui en laissa pas le temps, et par une tirade que la traditionne nous a pas conservée, il lui demanda quelle affaire l'amenait chez son voisin Pierre.

Elle répondit que, se trouvant sans place, elle était venue prier l'écrivain de lui dresser une liste des maîtres qu'elle avait servis, afin de pouvoir montrer cette liste, comme moyen de renseignements, aux personnes chez qui elle se présenterait.

A l'instant même, Crépon prit un morceau de papier, sur lequel il écrivit, d'après quelques détails que lui donna la cuisinière :

> Demoiselle Catherine
> Sachant faire la cuisine,
> Blanchir, coudre, et cétéra,
> A servi seize semaines
> Chez le président de Mesmes,
> Chez les marquis par douzaines,
> Chez le conseiller Bura,
> Et chez Clair, marchand de drap.

> Ces personnes fort honnêtes,
> De sa rare probité
> Et de son talent marqué,
> Ont été très satisfaites,
> Comme s'en assurera
> Quiconque leur parlera.

Crépon fit comprendre à la cuisinière que les *marquis par douzaines* imaginés par lui étaient de ces fictions que la poésie autorise, et Catherine, pénétrée d'admiration pour l'auteur de la pièce remarquable dont elle se trouvait en possession, se mettait en devoir de payer généreusement, lorsque l'honnête pâtissier déclara qu'il n'accepterait rien, et qu'il travaillait uniquement pour la gloire.

Ce trait porta au comble l'admiration et la reconnaissance de Catherine, et, comme elle produisait très facilement, non pas des vers, mais de la prose, la renommée de Crépon poète, de Crépon écrivain, surtout de Crépon travaillant pour la gloire, fut, avant la nuit, répandue dans tout le quartier et au delà, et, dès le lendemain, des clients commencèrent à affluer vers la pâtisserie, transformée en bureau de rédaction.

*
* *

Pas n'est besoin de dépeindre l'étonnement qu'éprouva d'abord Janrat en voyant de nombreuses pratiques arriver à la file chez le pâtissier si longtemps oublié du public, et la colère qui succéda à cet étonnement, lorsqu'il comprit que cette vogue de Crépon était obtenue à son détriment, et que la pâtisserie faisait concurrence à l'échoppe. Mais, plus tard, quand il sut que Crépon exerçait gratis son nouveau métier, sans même se faire payer le papier qu'il employait, il demeura plus que jamais convaincu que cet homme n'était qu'un fou, qui ne tarderait pas à mourir de misère et de faim, et il se consola charitablement dans l'attente de cette conclusion, qu'il regardait comme inévitable.

Il est vrai que Crépon, après avoir subsisté quelque temps en vendant pièce à pièce son matériel de pâtissier, se vit réduit, un jour que la faim le pressait, à vendre jusqu'à son canif, la seule pièce de son matériel d'écrivain dont il pût tirer quelques sous, et, après avoir accompli ce dernier et douloureux sacrifice, à bout de ressources, n'ayant rien pour lui, ne pouvant plus rien pour les autres il se coucha pour essayer de trouver dans le sommeil un moment de répit à ses cruelles souffrances.

Mais ceux à qui le sommeil serait le plus nécessaire pour suspendre un peu leurs peines sont d'ordinaire ceux qu'il visite le moins. Le malheureux Crépon se retournait depuis près de deux heures dans son lit sans pouvoir fermer ses paupières brûlantes, ni écarter les sinistres pensées qui l'obsédaient lorsqu'il entendit frapper à sa porte.

— Qui est là ? cria-t-il du fond de son alcôve.

Et une voix d'enfant, d'un timbre fort doux, lui répondit en un jargon moitié italien, moitié français, à peine intelligible :

— *Mossiou lo scrivano poublic, aprile-moi la vostra porta, si ça vous plaît.*

Crépon, pendant qu'il s'habillait à la hâte, entendit dans la rue les sons d'une mandoline, et, lorsqu'il eut ouvert la porte, il vit un enfant de treize à quatorze ans qui, avec beaucoup d'aisance, promenait son archet sur un petit violon dans le genre de ceux dont se servent les maîtres de danse.

L'enfant salua le bonhomme avec beaucoup de grâce, et s'empressa de lui conter, dans le baragouin dont nous avons donné tout à l'heure un échantillon, qu'il était employé comme marmiton dans les cuisines de Mlle de Montpensier, la cousine germaine du roi Louis XIV, mais que cet état lui déplaisait cruellement et que, depuis longtemps, il serait mort d'ennui s'il ne fût parvenu à se procurer une mandoline, son unique consolation ; mais que, sa passion pour la musique devenant de plus en plus irrésistible, il venait prier *mossiou lo scrivano poublic* de lui rédiger un placet, dans lequel Mlle de Montpensier serait suppliée de daigner lui accorder une position qui lui permît de se livrer sans obstacle à son goût pour la musique et de cultiver ce qu'il croyait pouvoir appeler son talent.

Le bon pâtissier écouta avec un vif intérêt le discours de l'enfant ; mais, faisant bientôt un triste retour sur lui-même, et se rappelant l'absolu dénûment où il se trouvait, il s'écria douloureusement :

> Hélas ! mon petit étranger,
> Je n'ai ni plume, ni papier,
> Ni quoi que ce soit pour vous faire
> Votre requête épistolaire ;
> Mais peut-être bien que Janrat
> Plume et papier me prêtera.

On sera peut-être surpris que Crépon songeât à recourir à un homme que nous avons vu si mal disposé à son égard, mais, depuis que Janrat avait reconnu que son pauvre voisin n'était pas pour lui un concurrent dangereux, il avait cessé d'avoir à son égard des sentiments de haine, et se contentait de diriger contre lui toutes sortes de plaisanteries, tantôt sur les *pâtés* dont il ornait son écriture, tantôt sur les *brioches* qu'il introduisait dans son orthographe ou dans son style, au lieu d'en mettre dans son four. On assure même que c'est par suite de ces plaisanteries de Janrat, que ces expressions empruntées au vocabulaire de la pâtisserie ont été employées dans des acceptions toutes différentes. Quoi qu'il en soit, Crépon, en supportant les plaisanteries de son voisin avec beaucoup de douceur et de bonhomie, avait dissipé le nuage qui s'était un moment élevé entre eux, et se croyait assez avant dans ses bonnes grâces pour pouvoir espérer que celui-ci ne lui refuserait pas le léger service qu'il allait lui demander.

Malheureusement, Janrat était déjà couché et probablement endormi ; car, grâce à un petit magot amassé sou par sou, il était à l'abri des inquiétudes qui éloignaient le sommeil des yeux de son pauvre voisin. Crépon frappa un petit coup à la porte :

« Voisin Janrat ! »

Janrat ne répondit pas.

Crépon frappa un peu plus fort :

« Voisin Pierre ! »

Personne ne bougea dans l'échoppe.

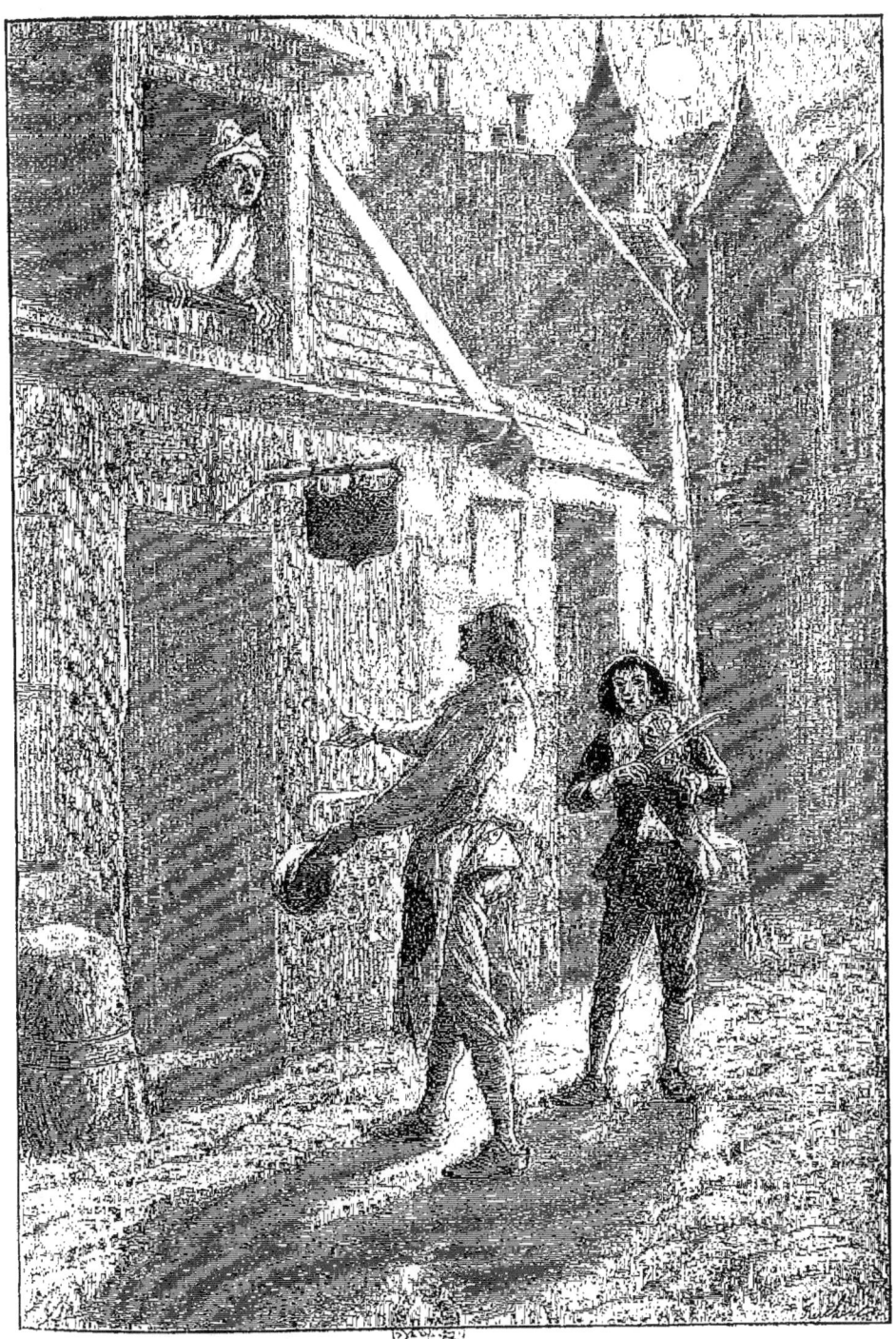

Au clair de la lune, mon ami Pierrot... (p. 19).

Crépon frappa deux coups de suite, en disant :

« Mon cher Pierrot ! »

Il lui sembla alors entendre un petit bruit, et il se dit tout bas: « *Cher Pierrot!* ce petit mot d'amitié lui a fait plaisir et il va m'ouvrir. »

Quelque chose s'ouvrit, en effet ; mais, au lieu de la porte, ce fut une sorte de fenêtre ou plutôt de lucarne, qui se trouvait au-dessus, et d'où Janrat cria d'un ton de mauvaise humeur :

— Que me voulez-vous donc à une pareille heure ? Crépon répondit :

> Je voudrais, si cela vous plaît,
> Écrire un illustre placet.
> Le vent a soufflé tout à l'heure
> Ma chandelle, et, dans ma demeure,
> Je n'ai trouvé, croyez-le bien.
> Ni plume, ni feu, ni rien :

— Je le crois aussi, dit Janrat, mais laissez-moi dormir. et allez vous promener.

Et, s'il ne referma pas aussitôt la fenêtre, ce fut parce que le petit musicien avait éveillé son attention.

En ce moment, un nuage qui, depuis quelque temps, voilait la lune, s'écartait, et la reine des nuits brilla d'une vive lumière qui sembla ranimer le génie poétique de Crépon ; car, prenant une pose presque tragique, il dit d'une voix lente et solennelle :

> Au clair de la lune,
> Mon ami Pierrot,
> Prête-moi ta plume
> Pour écrire un mot,

> Ma chandelle est morte,
> Je n'ai plus de feu ;
> Ouvre-moi ta porte,
> Pour l'amour de Dieu.

Le pauvre poète avait dit ce vers avec une émotion si vraie, qu'il sentit deux larmes humecter ses yeux, et il les essuya avec un coin de son tablier ; car il portait encore, par habitude, cet ancien insigne de sa profession. Mais ses tabliers se ressentaient naturellement de sa décadence générale, et celui qu'il avait pris à tâtons en accourant à l'appel du petit Italien avait dans le milieu un trou énorme que le malicieux Janrat vit parfaitement, à la faveur du clair de lune. Ne pouvant résister à la tentation de plaisanter là-dessus son pauvre voisin, il lui envoya par la fenêtre cette méchante réponse, qui péchait contre la rime, non moins que contre les règles de l'obligeance et du bon voisinage :

> Je n'ouvre pas ma porte
> A un pâtissier,
> Qui porte la lune
> Dans son tablier.

Et il observait, en poussant de gros éclats de rire, l'air stupéfait du pâtissier, cherchant piteusement dans son tablier l'explication des cruelles paroles qu'il venait d'entendre.

Mais le petit Italien, s'approchant vivement de Crépon et lui prenant la main d'un air caressant.

— *Mossiou, mossiou,* s'écria-t-il, *ricominciate la canzone ! ricominciate lé parolé Aou clair di la louna.*

— Volontiers, dit Crépon, si je puis me les rappeler.

Et, les ayant retrouvées, non sans quelque effort, il les répéta. Quand il eut achevé, le petit musicien, qui, pendant ce temps s'était exercé à un petit bruit, exécuta avec beaucoup de brio, un air simple et mélancolique, si bien adapté aux vers de Crépon, que celui-ci, tout naturellement, se mit aussitôt à les chanter sur cet air, accompagné par l'instrument du petit Italien. Ce chant, exécuté au milieu du silence de la nuit et à la clarté d'une lune splendide, fit une telle impression sur quelques voisins que le bruit avait attirés à leurs fenêtres, et sur Janrat lui-même, que tous se mirent à chanter en chœur et plusieurs fois de suite la chanson qui ainsi, à peine improvisée, devenait populaire.

Bientôt, le petit Italien, d'une main agitant son violon au-dessus de sa tête, en signe de joie, glissa de l'autre, dans la poche du pâtissier-poète, quelques pièces de menue monnaie, et, comprenant sans doute qu'il était en retard, s'enfuit à toutes jambes.

Le lendemain matin, le même enfant reparut chez Crépon, qu'il pria de lui donner par écrit les paroles de la nuit précédente, et, comme il avait prévu l'embarras où sa demande pourrait jeter le pauvre rimeur, il lui remit une petite bourse renfermant quelques pièces blanches. Crépon, transporté de joie, courut bien vite acheter papier, plumes, encrier et canif, et, promptement de retour, se mit à écrire en s'appuyant, faute de table, sur le bord de sa fenêtre, ses vers de la nuit précédente, qu'il ne pouvait s'empêcher de chanter à mesure qu'il les transcrivait.

Janrat, ayant aperçu le petit musicien, vint, attiré par la curiosité, et, voyant de quoi il s'agissait, il dit à l'enfant.

— Monsieur veut-il aussi le couplet que j'ai fait en réponse à mon ami.

— *No, no*, dit l'Italien, *je ne voglio pas la riposta*.

Et il partit emportant seulement le couplet du bonhomme Crépon, qui triomphait du refus essuyé par Janrat. La tradition, moins sévère que le petit musicien, nous a pourtant conservé l'œuvre de Janrat, laquelle franchement ne le méritait guère, ni par le fond ni par la forme.

*
* *

Un mois s'était à peine écoulé depuis cette aventure, lorsqu'un jeune page de la cour entra dans la boutique de Crépon en fredonnant :

> Au clair de la lune,
> Mon ami Pierrot,

Ce page n'était autre que le petit marmiton-musicien. Il avait de l'or sur toutes les coutures ; néanmoins Crépon le reconnut à l'instant, et lui demanda avec intérêt la cause de sa nouvelle fortune. Le page lui sauta au cou et lui dit en l'embrassant, que sa fortune, il la devait à lui Crépon, et à sa chanson du *Clair de la lune*. Le bonhomme ne pouvait revenir de son étonnement ; alors le page lui raconta que, dès qu'il avait eu la précieuse chanson, il l'avait apprise à ses camarades dans les cuisines, où elle avait eu un tel succès, que bientôt tout le monde, depuis le chef jusqu'aux derniers gâte-sauces, s'était mis à la chanter en chœur ; que ce chant était parvenu aux oreilles de Mlle de Montpensier, qui l'avait trouvé de son goût, et que, cette princesse apprenant que l'air avait été composé par un de ses gens, avait ordonné à son maître d'hôtel de le lui amener avec sa mandoline ; qu'après avoir exécuté devant cette princesse l'air du *Clair de la lune*, avec de nombreuses variations, et joué tout ce qu'elle avait daigné lui ordonner, la voyant bien disposée en sa faveur, il s'était mis à genoux devant elle, et lui avait adressé de vive voix la supplique qu'il avait eu la pensée de faire écrire par Crépon, et que la princesse, accueillant gracieusement sa prière, avait ordonné qu'on le mît au nombre de ses pages ; que, pour lui, il n'oublierait jamais la part qu'avait eue Crépon dans cette fortune inespérée, qu'il serait toujours son ami, et quand il le pourrait, son protecteur, et qu'en attendant, il lui apporterait chaque mois, pour l'aider à vivre, ce dont il pourrait disposer ; en conséquence, il lui mit dans la main, une belle pièce d'or.

Exprimer la joie et la reconnaissance du pauvre Crépon, dépeindre son attendrissement, ses transports, serait chose difficile. Du reste, sa joie était fondée, aussi bien que sa reconnaissance ; car son jeune protecteur devint le célèbre *Lulli*, et bien des années après l'époque à laquelle correspond notre histoire, lorsque *Lulli* fut devenu un riche et important personnage, on voyait chez lui, avec le titre honorifique de maître d'hôtel, un bon vieillard qui lui parlait presque toujours en rimes. Un jour ce vieillard lui disait :

> Monsieur Lulli, vous êtes bien
> Le plus fameux musicien
> Et le plus grand homme de bien
> Que dans tout Paris je connaisse.
> Vous me soignez dans ma vieillesse
> Et vous souffrez patiemment
> Que je vous parle à tout moment
> Des choses de votre jeunesse.

On comprend que le vieux maître d'hôtel n'était autre que notre ami le pâtissier-rimeur, et les choses de la jeunesse de Lully, dont il aimait à rappeler le souvenir, c'était sans doute l'histoire même que nous venons de raconter.

Ph. Hostein.

AU CLAIR DE LA LUNE

Musique de Lulli

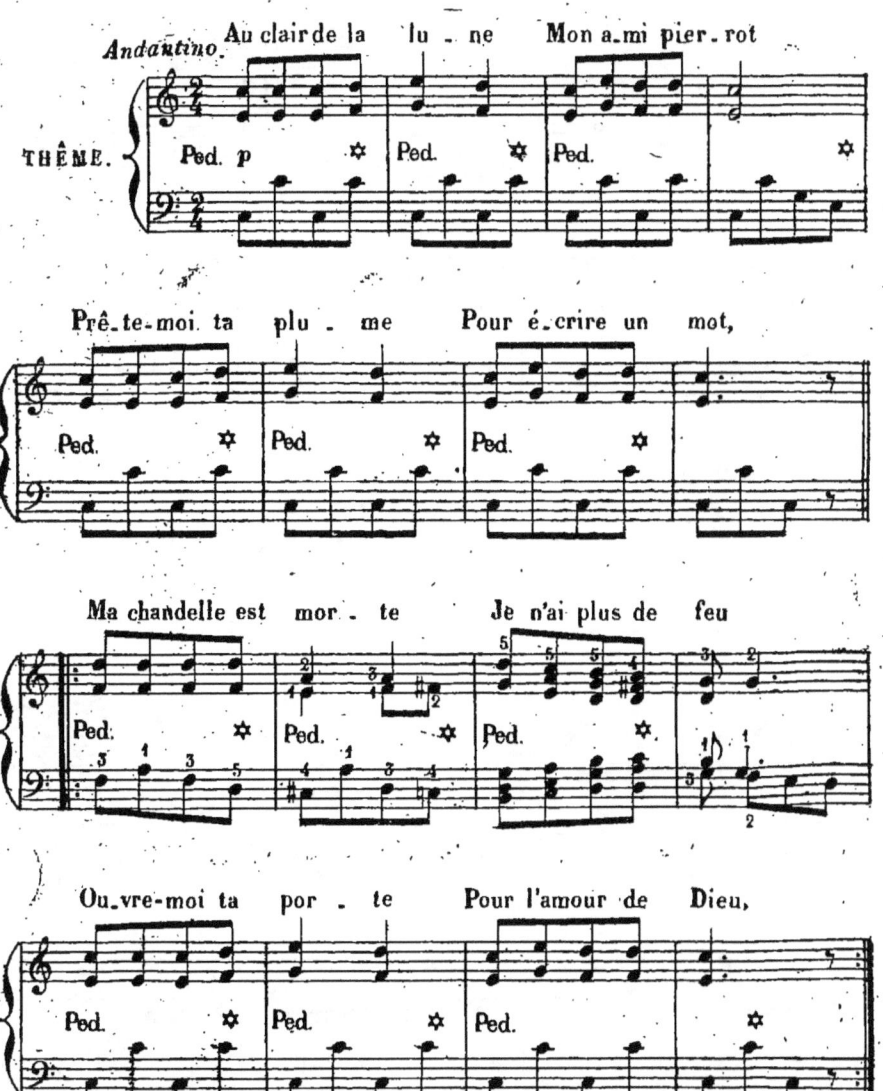

26 LÉGENDES DE L'ART

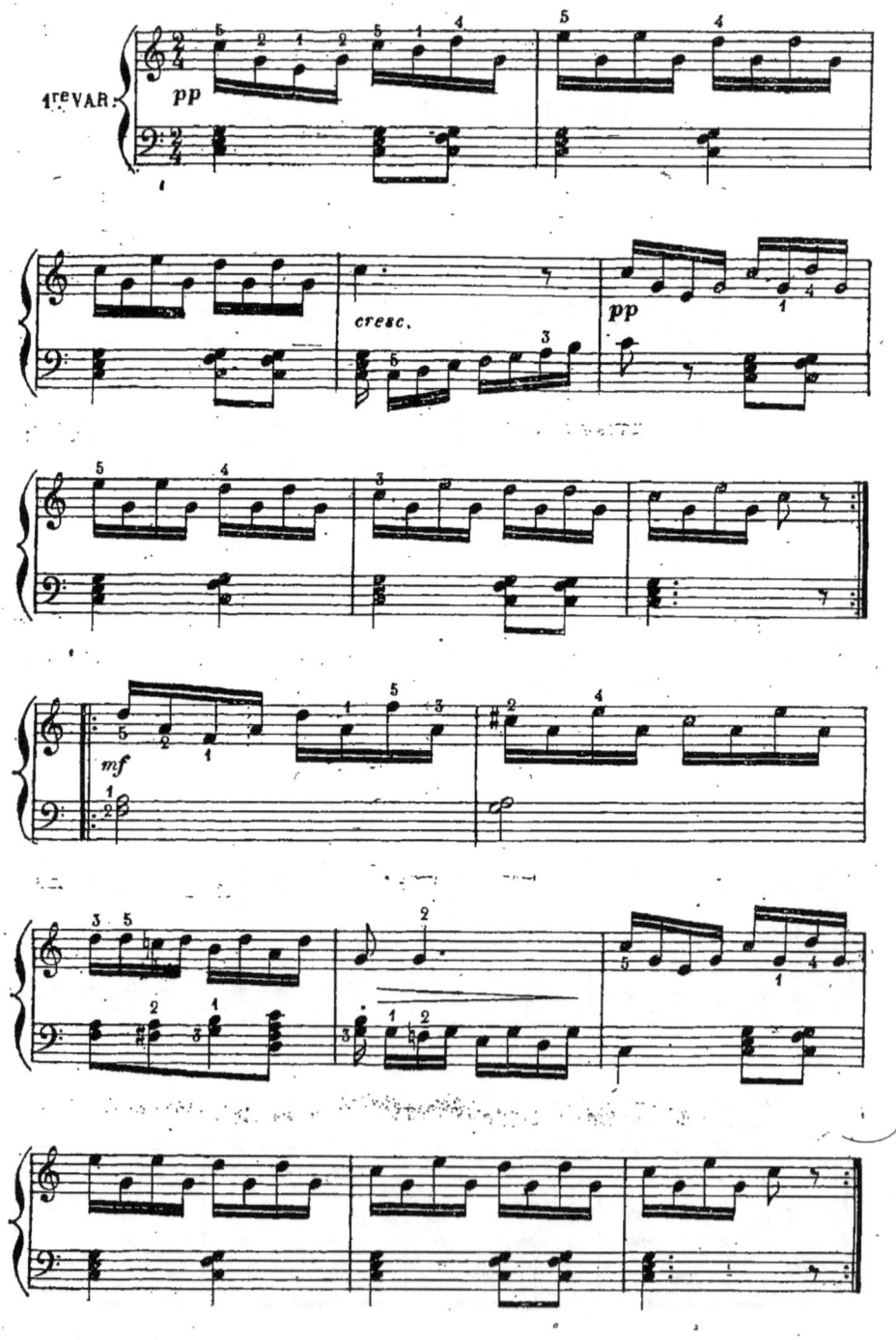

RAMEAU
(1683-1764)

UN MORCEAU DU A UNE PERRUCHE
ET UN OPÉRA MIS SOUS CAUTION

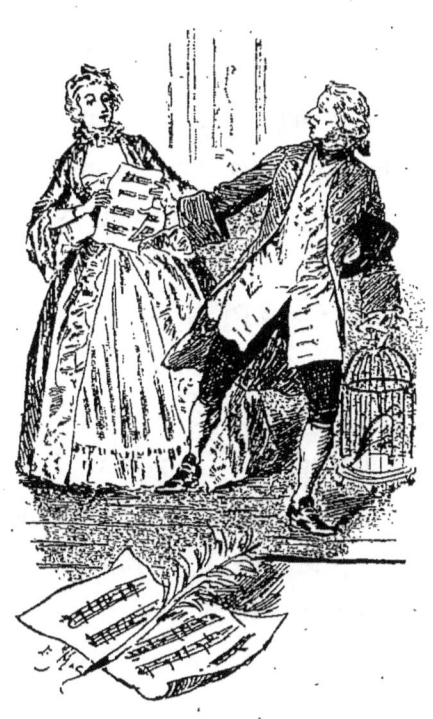

— Quel drôle d'écolier vous nous avez amené là, Monsieur, disait le supérieur du collège des jésuites de Dijon à un brave homme de ce pays qui lui avait confié son fils.

Ceci se passait vers la fin du XVIIe siècle, le père, un peu ennuyé de la réflexion, demandait à son tour :

— Est-ce qu'il ne s'améliore pas un peu ?

— S'améliorer ! s'écria le directeur ; ah ! il n'y songe guère ! C'est l'élève le plus indiscipliné que nous ayons jamais eu dans notre établissement, il est toujours distrait, ses devoirs sont négligés, ses cahiers mal tenus, ses livres indiquent un désordre incarné. Savez-vous ce qu'il fait des ouvrages qui lui sont donnés pour apprendre le grec et le latin? Du papier à musique, Monsieur, pas autre chose !

— Comment cela?

— Eh! mais, il surchage tout de lignes, de traits de solfège, de fragments de sonates; et pas seulement les siens, mais aussi ceux de ses camarades; et quand ceux-ci se sont attiré quelque remontrance par sa faute, vous vous figurez peut-être qu'il en est affligé? Quelle erreur!

— Pourtant il n'a pas mauvais cœur !

— Faut-il vous répéter ce qu'il dit dernièrement à l'un de ses amis dans un de ces cas de réprimandes? Celui-ci, qui est beaucoup plus jeune que notre écervelé, tout en étant dans sa classe, exhalait un peu bruyamment son chagrin d'une punition reçue.

— « Tais-toi donc! lui cria votre Jean-Philippe, tu me donnes sur les nerfs, tu ne pleures pas en mesure ! »

— C'est qu'il est si bon musicien! expliqua le père, admirant malgré lui l'instinct artistique de son fils; dès qu'il sortit de nourrice, je lui mis les mains sur le clavecin et, à peine âgé de sept ans, il exécutait déjà à première vue toute espèce de compositions les plus difficiles.

— Pourquoi alors lui avoir fait interrompre ce genre d'études? Il y eût sans doute mieux réussi que dans les nôtres.

— Je le destine à la magistrature, et pour cela les humanités sont indispensables.

— C'est vrai! Mais je ne crois pas que vous fassiez jamais un bon magistrat d'une cervelle aussi pétrie d'indiscipline. Ah! si l'on pouvait juger les causes en musique, ce serait différent; mais je prévois qu'il nous faudra lui faire renouveler sa quatrième, si toutefois il nous est possible de le conserver jusqu'à l'entier achèvement de cette classe.

— Quoi! vous songeriez?...

— A vous le rendre! Hélas! oui, Monsieur; si les dispositions actuelles de l'élève ne se modifient pas, nous nous y verrons contraints.

— Ah de grâce! cher directeur, prenez un peu patience.

— Je vais essayer des punitions sévères, je vous en avertis; et si le drôle ne s'amende pas sous ce nouveau régime, nous ne pourrons le garder : son exemple serait pernicieux pour les autres.

Le Père jésuite tint parole; il soumit le collégien à un système disciplinaire plus sérieux; mais, loin de produire un effet salutaire, les punitions répétées ne firent qu'irriter la nature rebelle de l'enfant; et le religieux écrivit bientôt à son père que la continuation d'un tel état de choses n'était plus tenable et qu'il eût à venir débarrasser le collège d'un élève aussi indomptable.

Rien ne put changer cette détermination, et c'est ainsi que fut rendu à sa famille Jean-Philippe Rameau, celui qui devait être le plus grand musicien français du dix-huitième siècle.

. . . .

Éloigné du collège, Rameau employa son temps à l'étude de divers instruments de musique dans lesquels il acquit une certaine perfection; il apprit en même temps de son père, qui était maître de chapelle, et de quelques autres artistes dijonnais, les éléments du contrepoint, utilisant ainsi toutes les ressources musicales qu'il pouvait rencontrer dans son pays natal.

Une circonstance imprévue vint changer sa vie. Il venait d'atteindre sa dix-septième année lorsqu'il fit la connaissance d'une jeune veuve de son voisinage qu'il avait résolu d'épouser; mais la dame le prenant pour un enfant se moqua de lui et surtout des fautes d'orthographe dont il émaillait sa correspondance. Ces railleries eurent pour résultat d'exaspérer l'adolescent, mais de lui faire apprendre sa langue.

Toutefois, le père de Rameau, voyant que son fils perdait son temps et négligeait son art, alors même qu'il avait consenti à lui laisser suivre sa vocation, crut faire une diversion salutaire en l'envoyant en Italie. Son goût, pensait-il, se formerait ainsi à la musique italienne par l'audition des opéras de ce pays.

Mais il paraît que le jeune homme, dont l'oreille s'était faite essentiellement à la manière française, demeura froid aux mélodies de Scarlatti et de Caldara, qui passionnaient les Italiens. Il n'eut qu'un désir, ce fut de revenir dans sa patrie, sans même avoir été plus loin que Milan.

Pour s'en procurer les moyens, il s'engagea dans cette ville comme premier violon d'un orchestre de théâtre dont le directeur allait parcourir la Lombardie et le midi de la France, tel que Lyon, Marseille, Nîmes, etc., puis enfin gagna Paris où il fit entendre ses compositions aux organistes les plus renommés de l'époque.

Marchand, entre autres, jouissait alors d'une grande réputation : une foule considérable allait l'entendre chaque fois qu'il jouait de l'orgue à l'église des Grands-Cordeliers. Rameau travailla à devenir son ami en même temps que son élève ; mais, quand le célèbre artiste lui eut donné quelques leçons, il devina un rival futur, et se mit à le desservir. Il poussa même la trahison jusqu'à empêcher le pauvre Rameau d'obtenir la place d'organiste de Saint-Paul, qu'il fit donner à un concurrent bien inférieur.

Privé de cette ressource qui lui eût permis de réaliser quelques beaux rêves de gloire, le jeune Dijonnais dut abandonner la capitale et accepter l'orgue de Saint-Etienne de Lille ; puis celui de Clermont-Ferrand.

Ce fut dans cette dernière ville, où il passa quatre années pleines de calme et de recueillement, au milieu du silence imposant des montagnes, qu'il s'appliqua à rechercher les lois de l'harmonie, qu'on s'était peu appliqué à comprendre avant lui.

Il composa alors sous le nom de *Traité de l'harmonie* l'un des ouvrages scientifiques les plus importants qui aient jamais été faits sur la musique, et qui devait lui valoir une réputation immortelle de savant théoricien.

Il ne suffisait pas que l'œuvre fût achevée, il fallait la faire apprécier par des personnes compétentes et pour cela la produire dans un grand centre; c'est-à-dire revenir à Paris.

Le plus grand obstacle à la réalisation du désir du compositeur était l'engagement à long terme par lequel il se trouvait lié au Chapitre de Clermont. Comment le résilier?

Il fit une première demande de congé qui fut mal accueillie ; il la renouvela, insista près de l'évêque et des chanoines; ceux-ci refusèrent de nouveau : ils ne voulaient pas se séparer de cet habile organiste dont les compositions étaient déjà si appréciées par les amateurs de la ville. Voyant que ses sollicitations n'aboutissaient à rien, Rameau s'écria alors :

« Ah! ils ne veulent pas me laisser partir; eh bien! je les forcerai à me chasser. »

On était alors au temps de la Fête-Dieu : le dimanche se passa convenablement; mais le lundi matin, Rameau monte à l'orgue, y fait entendre quelques notes et se retire violemment en fermant les portes avec fracas. On se dit au chœur que sans doute le souffleur a manqué à son poste; et nulle observation n'est faite à l'organiste; mais le soir, au salut, celui-ci revient avec des intentions plus hostiles : combinant des jeux grotesques et incohérents, il fait entendre tout ce qu'il peut imaginer de plus rude et de plus déchirant pour l'oreille. Les officiants s'étonnent et agitent la sonnette plusieurs fois avec impatience; Rameau continue sans s'émouvoir. Les chanoines ne tiennent plus dans leurs stalles, tous se regardent avec stupéfaction, se demandant si l'organiste n'a pas tout à coup perdu la raison; l'agitation se met aussi dans l'assistance; le scandale est au complet quand le sacristain accourt intimer à l'exécutant l'ordre de sortir à l'instant.

C'est ce que souhaitait Rameau. Mais on peut deviner la solennelle admonestation qui lui fut faite pour cette conduite que l'on fut unanime à juger scandaleuse et sacrilège. L'artiste, chez lequel avait subsisté l'enfant indomptable, répondit sans détour que l'on devait s'attendre à des choses aussi désagréables si l'on continuait à le retenir de force à Clermont. En présence d'une pareille obstination, le chapitre dut céder et accorder la résiliation de l'engagement.

Rameau, satisfait d'être arrivé à son but, voulut au moins effacer par un coup d'éclat l'impression si défavorable qu'il avait produite dans tout l'auditoire. Il commença par adresser ses excuses à l'évêque et aux chanoines, et montant à l'orgue le jour même de l'Octave de la grande fête, il y fit entendre une improvisation si remarquable qu'on put la considérer comme une réparation publique, en même temps que l'expression d'adieux qui ne pouvaient manquer de laisser des regrets.

Une fois à Paris, Rameau se mit à publier ses ouvrages qui lui valurent des admirateurs, des élèves, et une place d'organiste à l'église Sainte-Croix de la Bretonnerie. Les critiques mêmes que lui occasionnèrent son *Traité d'harmonie*, qui battait en brèche la routine admise jusqu'alors, attirèrent l'attention générale sur l'auteur, et tournèrent ainsi à son profit.

Cependant Rameau, au milieu de ce succès, n'était pas toujours d'un accès agréable, ses contemporains rapportent qu'il était « de difficile humeur ».

L'un d'eux cite de lui l'anecdote suivante :

« Rameau, rendant visite à une belle dame, se lève tout à coup de dessus sa chaise, prend un petit chien qu'elle avait sur ses genoux, et le jette subitement par la fenêtre, d'un troisième étage. La dame épouvantée :

— Eh! que faites-vous, monsieur?

— *Il aboie faux!* » dit Rameau, en se promenant avec l'indignation d'un homme dont l'oreille avait été déchirée.

Une autre anecdote d'un genre opposé eut encore Rameau pour héros, et fut cause d'une œuvre légère de sa part.

Comme l'artiste se promenait un jour dans une des rues de la capitale, tout en rêvant à quelque mélodie, il entendit une voix claire qui chantait, avec une justesse parfaite, un des plus beaux airs de sa composition.

Surpris agréablement, le maître regarde autour de lui pour savoir d'où partait cette voix si franche ; et il aperçoit, à la fenêtre d'un hôtel, une perruche se balançant dans une cage dorée. Sans hésiter, il sonne à la porte de la maison et se trouve en présence d'une dame à qui il demande de vouloir bien lui céder sa perruche.

— Je ne désire pas la vendre, répond la dame.

— Je vous en donne 500 francs, insiste le musicien.

— Pas même pour mille, riposte son interlocutrice, je l'ai instruite moi-même et j'y tiens infiniment.

— C'est vous alors, madame, qui lui avez appris cet air de Rameau?

— Oui, dit-elle, c'est une musique que j'aime beaucoup, et, si je cédais jamais ma perruche, ce ne serait qu'en échange d'une composition inédite de ce maître.

— Qu'à cela ne tienne! s'écrie l'artiste joyeux.

Saisissant une feuille de papier, il y trace à la hâte une pluie de notes, et se sauve en emportant la perruche, aux yeux stupéfaits de la dame, qui se trouve avoir dans les mains ce qu'elle avait souhaité : une improvisation musicale signée « RAMEAU ».

Le compositeur continua, paraît-il, l'éducation de l'oiseau qui, sous sa direction, fit des progrès étonnants. La belle emplumée répétait tous ses enseignements avec une docilité plus grande que celle de certains artistes de l'Opéra, prétendait-il. Et lorsque, dans les répétitions, il n'était pas content d'une chanteuse, il lui arrivait de dire : « Mademoiselle, si vous continuez, je vous enverrai à ma perruche. »

*
* *

Rameau lui-même n'était pas entré de plain-pied sur cette première scène lyrique; il touchait à sa cinquantième année sans avoir pu composer encore un grand opéra, pour la simple raison qu'il ne trouvait pas un poète qui voulût bien consentir à lui confier un *libretto*.

Plusieurs refus essuyés en ce genre désespéraient le

pauvre artiste, dont le génie souffrait de ne pouvoir prendre son essor vers de hautes régions.

Cependant, Rameau était devenu le maître de clavecin et d'accompagnement de Mme de la Popelinière, femme du célèbre fermier général, dont les relations s'étendaient à la cour et à la ville. Il recevait même tout ce que l'une et l'autre possédaient de plus distingué. Amateur passionné des lettres et des arts, qu'il cultivait lui aussi dans une certaine mesure, l'opulent financier se plaisait à protéger les artistes et à les accueillir. Sa maison de Passy était le rendez-vous de toute l'élite de la littérature et des beaux-arts, autant que de la richesse. Voltaire comptait parmi les hôtes assidus du riche fermier, qui choyait aussi Rameau. Les deux grands hommes se rencontrèrent, et le premier ne tarda pas à apprécier le génie musical du second et à pressentir ses succès futurs. Il n'hésita donc pas à lui confier, sur la demande de leur hôte, sa tragédie de *Samson* pour en faire un opéra.

Rameau travailla avec ardeur à cette œuvre qui allait, croyait-il, réaliser un de ses vœux les plus chers, c'est-à-dire le faire admettre à l'Académie nationale de Musique. Hélas! il n'en devait rien être. L'opéra de *Samson*, fort applaudi chez M. de la Popelinière, lequel possédait un théâtre avec un orchestre à son service, fut refusé par la censure, qui craignait que ce sujet biblique ne vint heurter des scrupules religieux.

Rameau découragé voulait renoncer au théâtre; son protecteur l'en détourna : « La partie est à recommencer; lui dit-il un jour; il faut s'y mettre bravement. Je me charge de vous trouver un nouveau livret. »

Ce dernier point n'était pas aussi commode que le financier l'avait cru, l'insuccès de *Samson* doublait la difficulté au lieu de l'aplanir; on en fut réduit à aller trouver l'abbé

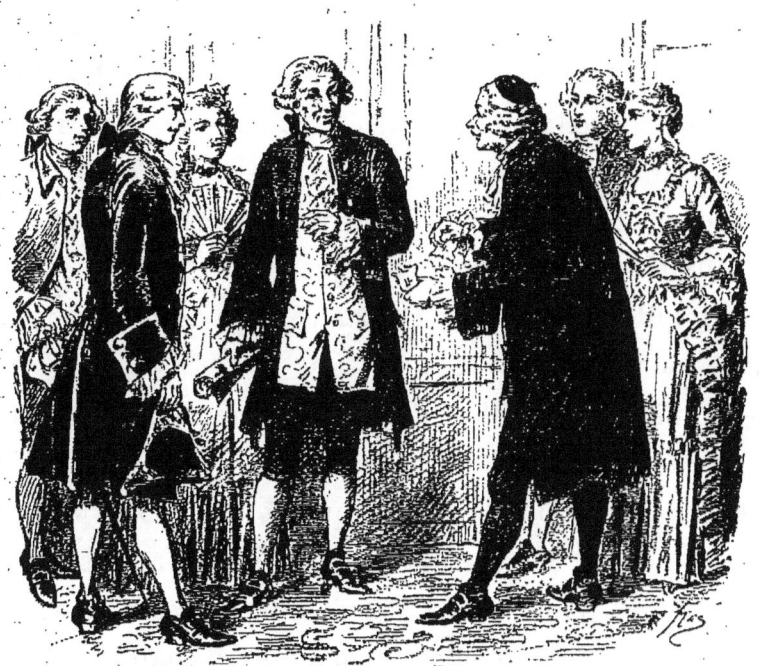

Voilà votre caution, monsieur.....

Pellegrin, de l'avis général, poète assez médiocre. Malgré cela, il se fit un peu tirer l'oreille et finit par dire :

— Je consens à livrer une tragédie, mais à une condition c'est que l'auteur me donnera une garantie.

— Et laquelle?

— Il me faut un billet de cinq cents livres, qui me sera payé dans le cas d'insuccès de l'entreprise.

— Ah! fort bien, vous mettez l'œuvre *sous caution*.

— Prenez, si vous voulez, que c'est une *précaution*.

Et le petit vieillard, enchanté de son esprit, se mit à rire malicieusement.

Voilà donc Rameau obligé de subir cette exigence, pour obtenir le poème qui devait s'appeler : *Hippolyte et Aricie*.

Enfin on se mit à l'œuvre. Aussitôt le premier acte terminé, on en fit l'essai chez M. de la Popelinière. L'enthousiasme qu'il excita fut général, la foule des auditeurs s'empressait autour du musicien pour le féliciter; parmi ceux-là étaient l'abbé Pellegrin. Un rayonnement de satisfaction illuminait sa physionomie : il avait sorti de sa poche le fameux billet souscrit par Rameau; et, le déchirant devant tout le monde, il s'écriait :

— Voilà votre caution, Monsieur, une pareille musique n'en a pas besoin !

Cependant, le public n'allait pas tout d'abord partager cette opinion ; et lorsque eut lieu la première représentation à l'Opéra, elle put être regardée comme une sorte de révolution de l'art par la fermentation qu'elle excita dans les esprits.

C'était le 1er octobre 1733.

Voici comment un biographe compétent, M. Denne-Baron, expose la situation faite à Rameau :

« Depuis Lulli, dit-il, il y avait eu des compositeurs de talent, mais aucun génie créateur ne s'était révélé. Campra, Colasse, Desmarest, Mouret, et les autres successeurs de Lully, avaient suivi pas à pas les traces du grand musicien que l'on considérait comme un modèle qui ne devait jamais être surpassé. Rameau procéda d'une autre manière. Ses airs étaient plus accusés, ses rythmes plus variés ; aux mouvements presque toujours lents, il en substituait de vifs et d'animés. Ses chœurs avaient plus d'effet et d'énergie, et, ce qui étonnait surtout, c'était la nouveauté et l'imprévu de sa modulation, la force de son harmonie, la vigueur de son orchestre et les combinaisons d'une instrumentation bien plus riche de formes et de détails que celles de ses prédécesseurs. Dans les partitions de Lulli et de ses successeurs, les instruments à vent n'apparaissaient que pour doubler les instruments à cordes dans les *forte*, et pour jouer, seuls et divisés en familles de flûtes et de hautbois, des ritournelles de quelques mesures. Rameau, abandonnant ce système, faisait faire des rentrées aux flûtes, aux hautbois, sans interrompre la symphonie; chaque instrument avait une partie indépendante, un rôle différent.

« Les admirateurs de la musique de Lulli jetèrent feu et flammes contre l'audacieux compositeur qui se frayait une route nouvelle. Ils condamnèrent le style de son opéra, qu'ils appelaient bizarre, en l'accusant d'être dépourvu de mélodie. Rameau était sans doute inférieur à l'auteur d'*Armide*, dans le récitatif, et il était peut-être moins correct dans sa manière d'écrire. On pouvait discuter sur l'agrément de sa musique, mais non lui refuser le mérite de l'invention. Telle fut cependant l'opposition que souleva d'abord l'opéra d'*Hippolyte et Aricie*, qu'à la première représentation, l'ouvrage eut peine à arriver jusqu'à la fin. »

Les esprits routiniers décochèrent au novateur les traits les plus mordants : l'abbé Desfontaines, dans une publication périodique, accusa Rameau de « vouloir substituer les spéculations harmoniques aux jouissances de l'oreille ». Jean-Jacques Rousseau dit « qu'il fallait envoyer aux Iroquois ce distillateur d'accords baroques ». Un autre écrivain satirique lui rima cette épigramme :

> « Si le difficile est le beau
> « C'est un grand homme que Rameau
> « Mais si le beau par aventure
> « N'était que la simple nature,
> « Quel petit homme que Rameau ! »

Faut-il ajouter que ce poète sans grande valeur ne fit en cette occasion qu'étaler sa sottise ?

Au milieu de ces détracteurs nombreux, Rameau trouva justice dans le jugement de Campra qui eût dû lui être hostile comme appartenant à l'école de Lulli ; mais cet artiste avait une grande âme exempte des basses rivalités, et ne craignit pas de répondre à ses confrères qui dénigraient l'œuvre :

« Ne vous trompez pas, il y a plus de musique dans cet opéra que dans dix des nôtres, et cet homme que vous voyez là nous éclipsera tous ! »

Et cependant Rameau était si déconcerté qu'il parlait plus que jamais de renoncer au théâtre. Ses protecteurs le maintinrent contre lui-même ; peu à peu ils firent revenir l'opinion publique en prouvant qu'on avait jugé l'œuvre légèrement. Tout Paris voulut entendre *Hippolyte et Aricie*, et l'enthousiasme avec lequel on l'acclama vengea Rameau de tous ses déboires.

Désormais il marcha de succès en succès ; et ceux mêmes qui l'avaient le plus déprécié furent les premiers à écrire qu'il était « le premier musicien de l'Europe. » Quelques-uns avaient beau dire encore que l'on sortait d'une audition de Rameau « ivre d'harmonie et d'un bruit de voix et d'instruments » ; on allait l'écouter et l'applaudir. On sentait que c'était réellement par lui qu'était créé l'opéra français ; et il devait venir jusqu'à nous avec ses chants brillants, ses ouvertures, ses admirables chœurs, ses ballets et toute cette variété infinie que les Allemands et les Italiens allaient nous emprunter par la suite.

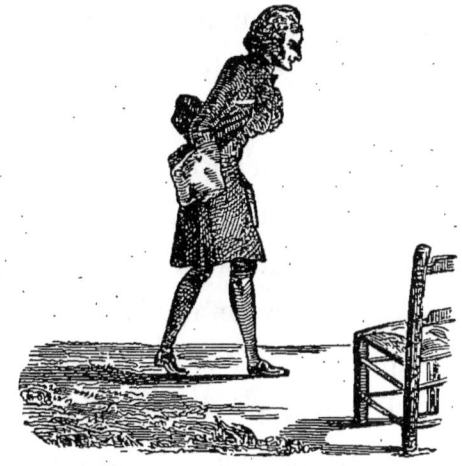

Rameau, par Carmontelle.
(Gravure du temps.)

C'était ce magnifique spectacle que Voltaire décrivait trois ans après l'innovation de Rameau :

« Damis se rend à ce palais magique
« Où les beaux vers, la danse, la musique,
« L'art de tromper les yeux par les couleurs,
« L'art plus heureux de séduire les cœurs,
« De cent plaisirs font un plaisir unique.
« Il va siffler quelque opéra nouveau,
« Ou, malgré lui, court admirer Rameau. »

Quand il ne fut plus possible d'attaquer la réputation du grand maître français comme musicien, on s'en prit à son caractère.

« Il était grand, sec, hâve, dit un contemporain ; l'humeur le faisant maigrir. A part la taille, il avait quelque chose de Voltaire, marchait un peu courbé, les mains derrière le dos et presque toujours seul, car il n'aimait guère la société. »

D'autres le représentent comme un être dur, sauvage et presque inhumain. Grimm, dans sa correspondance avec Diderot, s'exprime ainsi sur son compte :

« J'étais présent, un jour, lorsque Rameau ne put jamais concevoir qu'on désirât que M. le duc de Bourgogne montrât des qualités dignes du trône. — Qu'est-ce que cela me fait, disait-il naïvement ; je n'y serai plus quand il régnera ! — Mais vos enfants ?... — Il ne comprenait pas qu'on pût s'intéresser à ses enfants au delà du terme de la vie. »

Diderot, qui ne l'aimait pas, disait, de même :

« Il ne pense qu'à lui ; le reste de l'univers lui est comme d'un clou à un soufflet. Sa fille et sa femme n'ont qu'à mourir quand elles voudront, pourvu que les cloches de la paroisse qui sonnent pour elles continuent de résonner la *douzième* et la *dix-septième*, tout sera bien. »

On taxait aussi Rameau d'une certaine avarice. Louis XV, qui avait créé pour lui la charge de compositeur de son cabinet, lui accorda des lettres de noblesse et le nomma chevalier de l'ordre de Saint-Michel. Rameau ne voulut jamais faire enregistrer ces titres et distinctions pour ne pas, prétendit-on, « se constituer en une dépense qui lui tenait plus au cœur que la chevalerie ».

Pourtant M. Fétis nous dit qu'il serait injuste de prétendre que ce goût de l'argent, assez rare chez les artistes de cette époque, avait éteint chez Rameau tout sentiment d'humanité ; car il paya longtemps une pension à sa sœur infirme, et rendit des services pécuniaires à plusieurs de ses amis. Mais le même biographe convient de cette humeur taciturne qui rendait Rameau peu sociable.

« Dans ses promenades solitaires, dit-il, il n'abordait et ne voyait personne. On le croyait absorbé dans de profondes méditations ; cependant Chabanon, son ami, obtint de lui l'aveu que, dans ses vagues rêveries aucun objet ne l'occupait précisément ; son esprit y était dans une sorte de somnolence et ses jambes seules conservaient de l'activité. Lorsqu'on l'abordait, il semblait sortir d'une extase, ne reconnaissait personne, et ses amis les plus intimes étaient obligés de se nommer. »

Rameau était à la fois modeste et fier, il ne rechercha jamais les honneurs qui vinrent le trouver en foule ; car plusieurs académies lui ouvrirent leurs portes ; mais en même temps il ne supportait pas la discussion, et prenait un ton hautain avec les savants les plus recommandables. Il était d'une sobriété presque proverbiale ; et ce régime le fit parvenir à un âge très avancé, ayant conservé toute sa lucidité d'esprit et sa force d'improvisation. Il travaillait encore à un ouvrage de théorie lorsqu'il mourut plus qu'octogénaire.

On lui fit des obsèques pompeuses auxquelles les plus célèbres artistes de Paris se firent un honneur d'assister et d'exécuter quelques-unes de ses plus pathétiques compositions. Jamais plus belle musique n'avait traduit un hommage funèbre même pour un souverain. C'est que Rameau était une véritable royauté artistique dont on devait apprécier l'œuvre, près d'un demi-siècle après son apparition, en disant : « C'est aujourd'hui le pivot sur lequel repose la gloire de la musique française. »

HIPPOLYTE ET ARICIE

OPÉRA DE JEAN-BAPTISTE RAMEAU

Fragment d'un chœur.

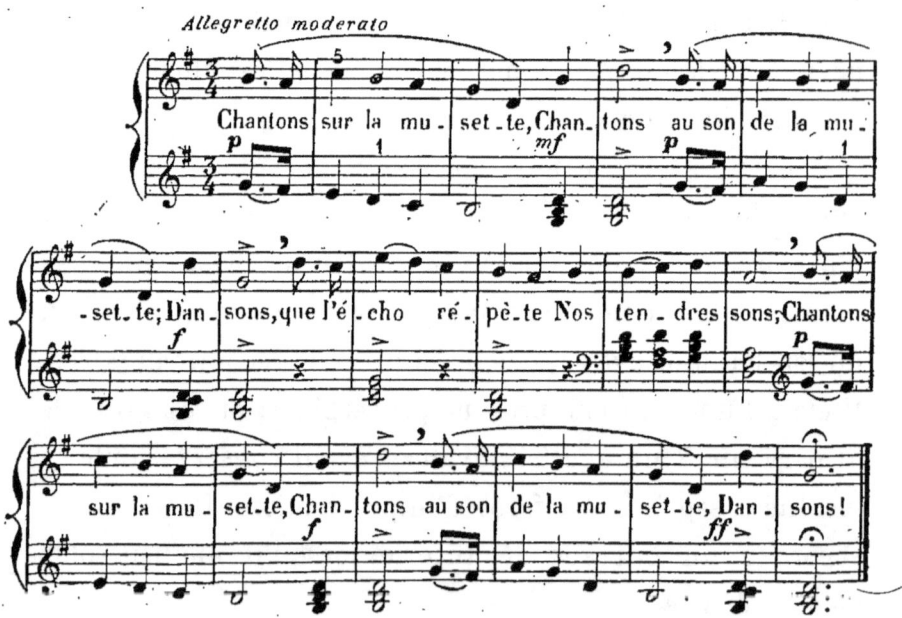

TARTINI
(1692-1770)

LA SONATE DU DIABLE

Non loin des bords sinueux du Tibre, sur une colline, toute baignée d'air, de soleil et de cette lumière azurée que donne aux horizons les reflets du ciel italien, est située la petite ville d'Assise.

Sa position élevée et les rives fleuries de l'affluent du Chiascio, qui la baigne, ajoutent à son aspect un charme pittoresque et séduisant.

Cette gracieuse cité est, on le sait, la patrie du célèbre saint qui, au XIIIe siècle, fatigué des grandeurs mondaines avant même de les avoir goûtées, alla fonder à Porticella, près de Naples, l'ordre fameux des franciscains ou minorites, comme ils s'intitulent eux-mêmes dans leur humilité.

Des milliers de monastères, qu'enrichissait la piété des fidèles, s'étaient alors répandus dans toute l'Europe: Assise eut le sien; et lorsque le grand fondateur mourut, elle tint à honneur de conserver son corps vénéré.

Une magnifique église ogivale, qui contient des peintures et des sculptures précieuses, renferme dans ses cryptes le tombeau du bienheureux apôtre à qui l'humble pays avait donné le jour.

Ce monument fut, depuis, toujours visité par une foule considérable de pèlerins.

Or, vers le milieu de l'année 1712, un de ces derniers, qui semblait plus soucieux de préoccupations secrètes que fatigué des difficultés de la route, gravissait le chemin qui devait le conduire au monastère.

Le jour baissait, et ce fut presque à la nuit tombante que l'inconnu parvint à la porte du couvent.

Il sonna.

Un religieux portant une robe grise avec une longue ceinture de corde, vint ouvrir.

— Que désirez-vous, mon frère, lui demanda-t-il?

— Je suis las et sans ressources, répondit le voyageur, et je viens solliciter un asile pour la nuit.

— Notre maison est un refuge aux malheureux, répliqua le moine, elle vous est ouverte, mon fils.

— Ah! merci, mon père, dit l'inconnu en y pénétrant, vous me sauvez la vie.

— Comment cela? demanda le franciscain; n'êtes-vous pas un simple pécheur, animé de repentir et qui vient rendre hommage à saint François dans un pieux pèlerinage?

— Oui! mon père, je suis pécheur, c'est vrai; mais pour le plus gros péché qu'on me reproche, je n'ai pas de repentir.

— Et pourquoi? jeune écervelé, dit le religieux avec

bonté, car maintenant que j'aperçois mieux vos traits j'y découvre des traces de jeunesse. Vous êtes encore au printemps de la vie.

— J'ai vingt ans !

— Et à cet âge on est déjà si endurci ? répartit le moine.

— Ah ! mon père, il faut que je vous l'avoue, reprit l'inconnu, j'ai l'esprit violent et aventureux.

— On le réprime !

— Ce n'est pas toujours facile ; laissez-moi vous édifier un peu sur mon compte.

J'ai fait mes études au collège des Pères de l'Ecole, à Capo d'Istrio. Là, on m'a appris la musique et l'escrime ; mais, je le dis sans détour, le fleuret eut toujours pour moi bien plus d'attrait que le violon ; et je sus parfaitement toute la science des armes avant de connaître seulement la formation de la mesure et le maniement de l'archet. Dans ces dispositions, pensez-vous que j'eusse pu embrasser la vie religieuse ?

— Rien ne vous y poussait ce me semble !

— C'était pourtant le rêve de mes parents ; ils voulaient faire de moi un franciscain !.....

Le religieux eut un geste de surprise ; mais le jeune homme, sans même le remarquer, continua :

— Il n'a fallu rien moins que plusieurs duels retentissants pour leur faire comprendre que j'étais tout à fait éloigné d'un état de paix et de contemplation. Ils se décidèrent alors à m'envoyer à Padoue pour y apprendre la jurisprudence, se disant sans doute que les luttes de la chicane donneraient encore un aliment à mon caractère batailleur ; mais cela ne me parut pas suffisant ; et j'allais me décider à partir pour Paris, afin d'y exercer la profession de maître d'armes, plus conforme à mes goûts, lorsqu'une rencontre inattendue vint changer tous mes plans.

— Mais, dit le minorite, cette histoire me paraît ressembler singulièrement à celle d'un mien parent, de la petite ville de Pirano, en Istrie.

— De Pirano ! c'est cela même, mon père.

— Seriez-vous donc ce cerveau brûlé de...

— Joseph Tartini ! acheva le jeune homme. Oui, mon père... mon frère..., mon oncle peut-être ?

— Je suis, en effet, uni à vous par les liens du sang, répliqua le moine, et j'ai déploré vos erreurs.

— Mais, vous êtes bon, indulgent, vous ne refuserez pas de m'aider, implora Tartini.

— A quoi donc ? demanda le religieux inquiet ; à braver la volonté de vos parents, sans doute ? ajouta-t-il avec quelque ironie.

— Oh ! répondit le jeune homme en baissant la tête, c'est pis que cela !

— Vous m'effrayez.

— Je fuis en ce moment la fureur d'un cardinal.

— Jeune homme ! jeune homme ! tu ne sais pas à quoi tu t'exposes.

— Mais vous me sauverez de ce prélat et de ses foudres.

— Et par quel moyen ?

— Ecoutez ma confession entière :

J'ai dit qu'une circonstance fortuite m'avait fait renoncer

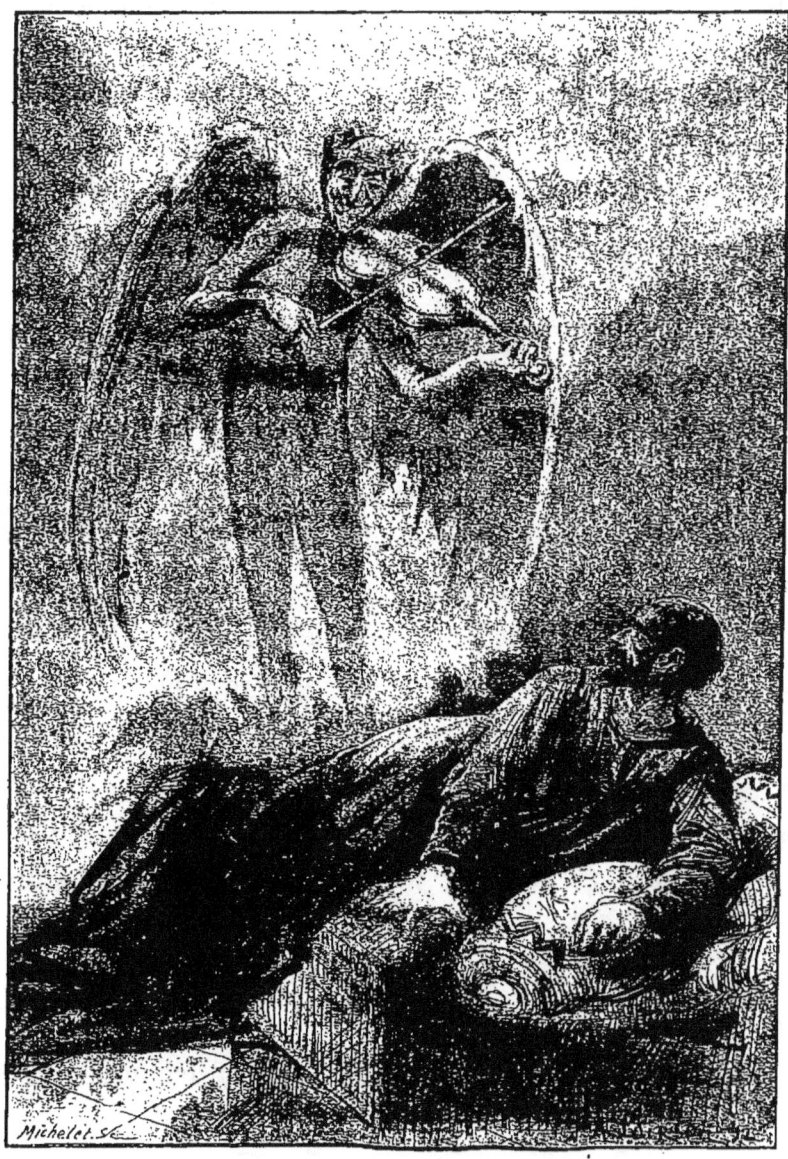

J'ai tout pouvoir. Ecoute !... (p. 52).

à Paris; c'est la vérité. Au moment d'entreprendre ce voyage, j'épousai une jeune fille de Padoue, sans rien dire à mes parents, et malgré l'opposition d'un de ses oncles. Malheureusement, elle avait droit à prétendre à une plus haute alliance qu'à celle d'un mauvais étudiant ; car cet oncle n'était autre que le cardinal-évêque Georges Cornaro.

— C'est grave ! interrompit le franciscain.

— Hélas ! soupira le jeune homme ; je ne le sais que trop !

— Qu'advint-il ?

— Aussitôt que le bruit de ce mariage eut transpiré, mon père et ma mère entrèrent dans une telle irritation qu'ils m'abandonnèrent à mes propres ressources. D'autre part, le cardinal mit la justice à ma poursuite, sous le prétexte que j'avais agi par surprise et déloyauté. Traqué comme une bête fauve, j'ai dû, pour ne pas être fait prisonnier, m'enfuir et abandonner ma compagne, sans même lui laisser entrevoir de quel côté je dirigeais mes pas.

— Pauvre garçon ! soupira le religieux ému malgré lui.

— Ce n'est, continua le jeune homme, qu'après avoir erré à l'aventure que j'ai songé à ce couvent où j'avais entendu dire, en effet, que je possédais un parent, sans savoir que c'était le gardien lui-même.

— Alors, dit le moine, tu comptes rencontrer ici un abri ?

— Si vous le voulez, dit le fugitif, j'y trouverai une retraite ignorée de tous et qui me permettra d'échapper à mon mauvais destin.

— Y pourras-tu demeurer en paix, malheureux enfant ?

— J'en fais le serment.

— Sois donc le bienvenu, répondit le minorite avec bonté, et puisse le calme de ce monastère te faire rentrer en toi-même, pauvre brebis égarée.

. . . .

Voilà donc Tartini installé dans cet asile qu'il avait dédaigné si peu de temps auparavant. Un seul moyen parut à son protecteur capable de maîtriser la fougue de cette imagination, ce fut de la tourner vers la musique.

C'était faire naître une vocation.

Il y avait alors dans le couvent un excellent organiste, le Père Bœma, qui donna au jeune néophyte des leçons d'accompagnement et de composition, afin de compléter ses études musicales.

Tartini mit à cet art, dont il avait paru se soucier si peu jusque-là, l'ardeur et la persévérance qu'il avait déployées autrefois pour l'escrime; et peu à peu une transformation complète s'opéra dans son caractère : de bouillant et frondeur, il devint doux et modeste.

L'isolement lui plaisait, il aimait à se retirer dans sa cellule pour travailler, et il ne la quittait le plus souvent que pour se rendre à l'église et prêter le concours de son archet aux pieuses cérémonies du culte.

Sa musique acquit une douceur, un charme exquis, ses pensées s'élevèrent, son style devint pur et tout imprégné d'une délicieuse harmonie; mais aussi, sa sensibilité était étrange et le portait quelquefois à de bizarres hallucinations.

Une nuit, hanté peut-être par le souvenir de la réprobation dont l'évêque et ses parents eux-mêmes l'avaient poursuivi, il s'imagina qu'il avait fait un pacte avec le diable, que celui-ci était à son service et qu'il n'avait qu'un mot à dire pour le voir à ses ordres.

Bientôt il crut avoir dit ce mot; et alors il vit apparaître une figure terrible : un monstre ayant un corps d'homme, mais avec une grande queue et des pieds crochus, les ailes d'une chauve-souris gigantesque, une face effroyable armée de longue oreilles, surmontée de cornes plus longues encore accompagnant un regard flamboyant et un rictus épouvantable.

Cet horrible personnage s'avançait vers le lit du pauvre musicien lui faisant dresser les cheveux sur la tête et courir un frisson glacial sur tout le corps.

— Est-ce toi, Satan? demanda le rêveur en demeurant cloué sur sa couche.

— Je suis en effet le puissant prince des ténèbres, répondit l'apparition. Je puis te donner la gloire, la richesse et la renommée; mais il faut quitter cette retraite et te lancer dans le monde. En un mot, il faut m'abandonner plus complètement ton âme.

— Tais-toi, dit l'artiste, tout ce que tu fais luire à mes yeux n'est pas pour me séduire, mon art suffit à mon bonheur.

— Mais j'élargirai le domaine de tes connaissances, je te donnerai des inspirations plus hautes et un talent qui sera sans égal. J'ai tout pouvoir. Ecoute !

Et, s'emparant du violon de l'artiste, il se mit à y promener l'archet avec une habileté et une supériorité inconnue jusqu'alors au musicien. Celui-ci écoutait, immobile et comme en extase; ce qu'il entendait était une sonate si magnifique et si étrange qu'il n'eût jamais rien soupçonné de semblable. Sa surprise et son ravissement allant toujours *crescendo*, il n'osait plus respirer dans la crainte de perdre une note de cette harmonie.

Bientôt, son émotion l'oppressa tellement qu'il en fut suffoqué et se réveilla.

Naturellement, aucune trace d'esprit malin ne se pouvait voir, mais l'impression que Tartini avait ressentie subsistait, et alors, encore sous l'influence de cette sensation qui avait envahi tout son être, il saisit son violon, cherchant à reproduire ce qu'il avait cru entendre. N'y parvenant pas selon ses désirs, vingt fois il fut tenté de briser son instrument de rage et de dépit, vingt fois il le reprit et composa enfin, sous le nom de *Sonate du Diable*, ce morceau fameux, que l'artiste trouvait si inférieur à ses souvenirs, et qui a cependant toujours joui d'une grande popularité parmi les vrais amateurs de musique.

La troisième partie de cet ouvrage porte le nom de « Songe de l'auteur » et renferme le *trillo del Diavolo al piè del letta* (trille du Diable au pied du lit); c'est le souvenir le plus précis que Tartini ait gardé de son rêve. Une phrase brillante et vigoureuse y revient à diverses reprises, alternant avec des mouvements tour à tour vifs et lents, remarquables par leurs oppositions. Le tout compose un ensemble bizarre dont l'éclat a bien quelque chose d'un peu diabolique.

La retraite de l'artiste avait duré deux ans, pendant lesquels un travail assidu lui avait fait acquérir un talent supérieur, sans qu'il fut besoin d'aucune influence occulte ou surnaturelle. Mais un jour, tout allait être de nouveau bouleversé.

C'était jour de fête ; Tartini exécutait un solo de violon dans le chœur de l'église, se croyant bien loin des regards importuns, derrière un grand rideau qui le séparait absolument des yeux indiscrets du public. Mais ne voilà-t-il pas qu'au beau milieu de la cérémonie un coup de vent vient soulever la draperie et mettre à découvert le visage de l'exécutant.

Par un hasard étrange, un habitant de Padoue se trouve dans l'église, il reconnaît le transfuge ; et, voulant sans doute mériter la faveur de l'évêque, s'empresse d'aller lui divulguer le secret de l'asile de celui qu'il a poursuivi de sa réprobation.

Mais le temps, ce grand pacificateur des esprits, a changé les dispositions du cardinal-évêque : il pardonne à Tartini et lui permet même de rentrer à Padoue et de s'y réunir à sa femme.

Hélas! cette femme pour laquelle il avait ainsi compromis sa liberté et presque son honneur, ne devait pas le rendre heureux. Douée d'un caractère acariâtre, elle troublait constamment cette existence qui eût voulu être consacrée uniquement à l'art, pour lequel il avait maintenant tant d'amour.

Il usa, envers cette désagréable compagne, d'une bonté,

d'une douceur et d'une patience inaltérables. Nul n'aurait jamais reconnu dans ce paisible artiste le duelliste fameux des premiers temps de sa jeunesse.

A part quelques années de séjour à Ancône, Tartini ne quitta guère Padoue. Il y fut nommé maître de chapelle à l'église Saint-Antoine et il occupa ce poste pendant quarante-huit ans. « Chaque dimanche, dit un historien, une foule empressée, accourue souvent des extrémités de l'Italie et parfois même des pays étrangers, venait entendre Tartini jouer l'adagio de quelque belle sonate où chaque fois son imagination trouvait de nouvelles et précieuses inspirations. »

Il avait fondé également à Padoue une école de violon qu'il dirigea pendant quarante ans et dont les traditions, perpétuées par les artistes les plus remarquables, se sont répandues dans toute l'Europe, ralliant ou formant des violonistes distingués tels que Nardini, l'élève favori du maître, qui le soigna même dans ses dernières années, Pasqualino Bini, Alberghi, Dominique Ferrari, Carminati Capuzzi, Mme de Sirmen et les Français Pagin et Lahoussaye.

Le talent de Tartini mêlait, à une grande profusion de trilles et d'ornements, la grandeur, le charme et l'expression, et aucun instrumentiste, dans aucun temps, n'a montré une aussi grande fécondité que ce célèbre artiste, dont la carrière se prolongea d'ailleurs jusqu'à près de quatre-vingts ans.

DE GRANDMAISON.

LE TRILLE DU DIABLE

COMPOSÉ PAR GIUSEPPE TARTINI

FRAGMENTS AVEC ACCOMPAGNEMENT DE PIANO PAR LÉONARD

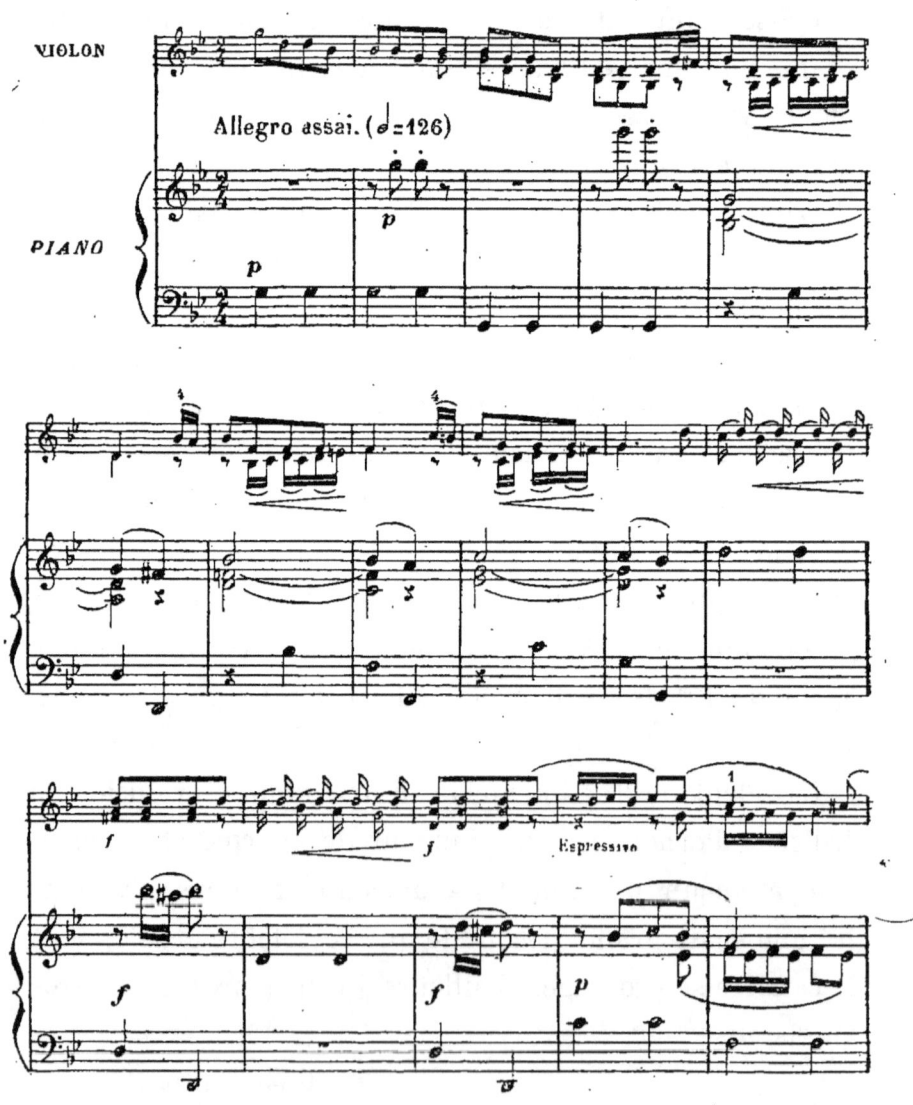

TARTINI

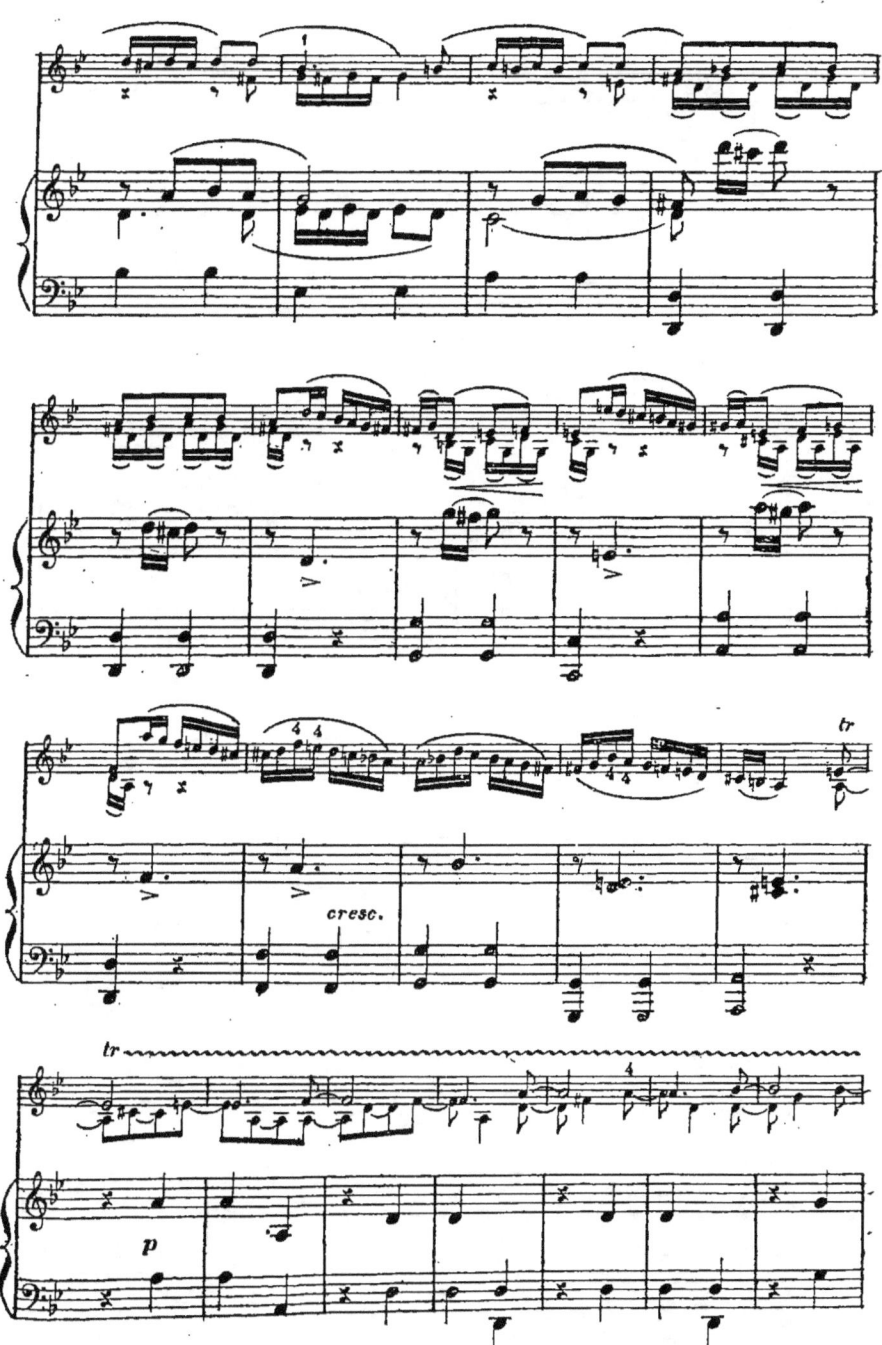

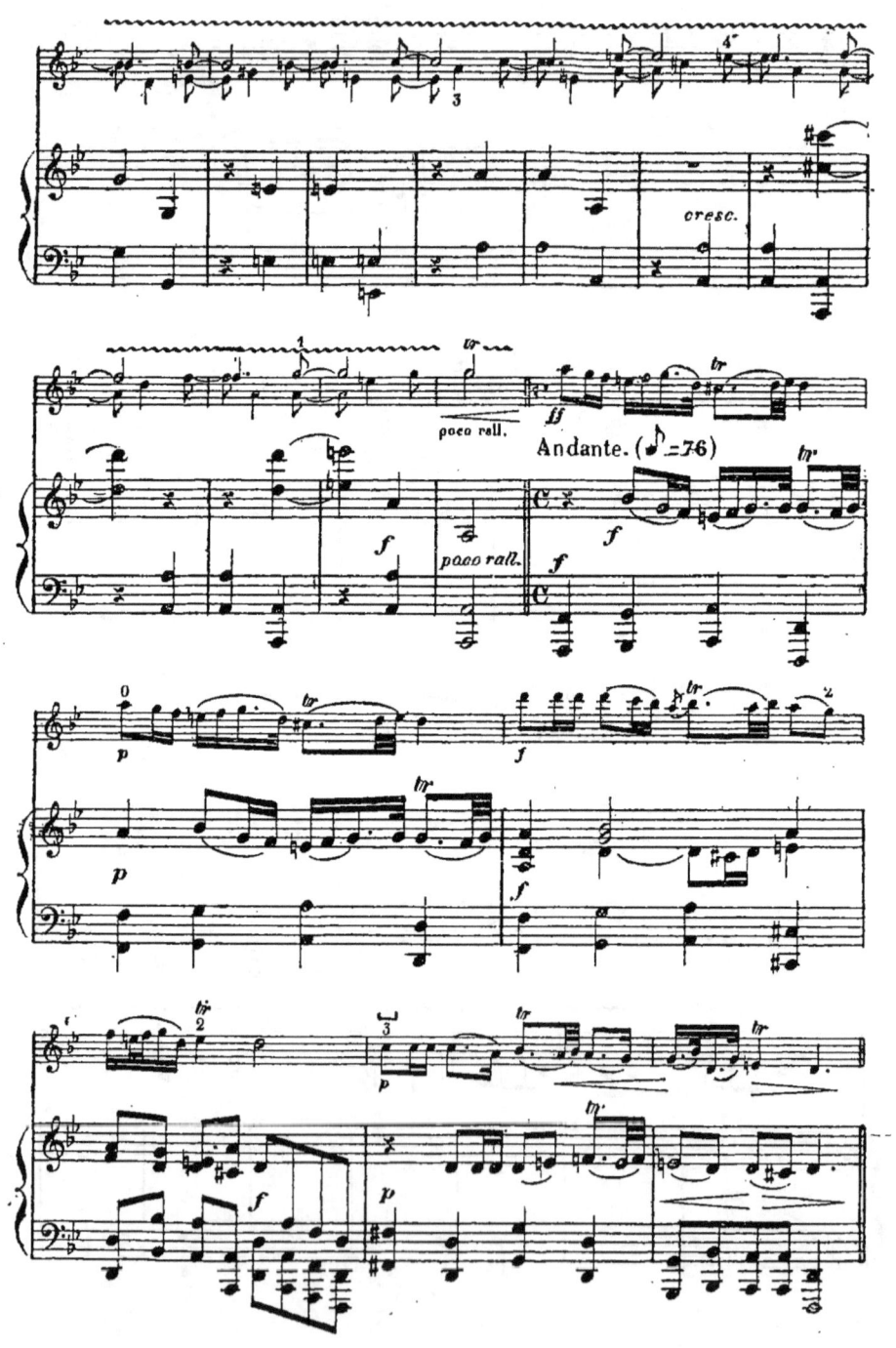

PERGOLÈSE

(1710-1736)

PERGOLESE

LE STABAT MATER

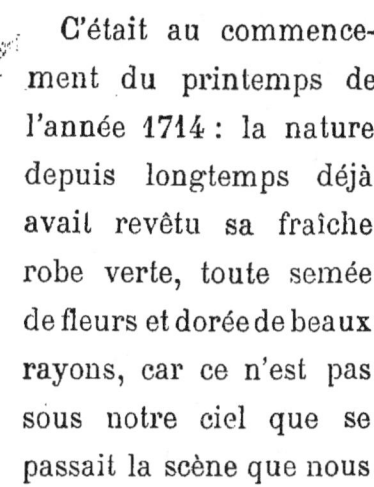

C'était au commencement du printemps de l'année 1714 : la nature depuis longtemps déjà avait revêtu sa fraîche robe verte, toute semée de fleurs et dorée de beaux rayons, car ce n'est pas sous notre ciel que se passait la scène que nous allons chercher à vous dépeindre, mais dans la petite ville de Casoria, à six ou sept kilomètres de Naples la Superbe, au beau ciel d'azur, au soleil d'or et aux ombrages embaumés.

Donc à Casoria, dans une jolie maisonnette toute couverte de pampres du grenadier à la fleur de corail et au fruit vermeil, de branches de myrthes et de jasmins grimpants, un enfant pleurait de grosses larmes amères en appelant à grands cris la vieille camériste du logis qui ne se pressait pas de lui répondre.

Enfin un pas lourd se fit entendre, et la vieille Nizetta apparut à la porte de la chambre où le petit impatient était couché.

— Mes hardes pour me lever, Zetta, demanda vivement celui-ci en la voyant.

Mais, au lieu de s'empresser à le satisfaire, la vieille Napolitaine hocha la tête d'un air de refus.

— *Il Signor* Lorio ne l'a pas encore permis, Benoito, dit-elle en même temps; il te faut donc encore garder le lit aujourd'hui, *mio caro bambino.*

Benoito devint rouge comme une pivoine en entendant ces mots.

— Garder le lit!... un jour de Pâques!... Oh! non, ce n'est pas possible, Zetta. D'abord, le docteur m'a permis non seulement de me lever, mais encore de sortir; demande-le plutôt à ma mère.

— La *padrona* est déjà partie pour Naples, car elle veut assister au grand office à *San-Gennaro*, où toute la cour, le roi en tête, doit se rendre en pompe.

Le pauvre Benoito poussa un profond soupir, et son cœur palpita à lui rompre la poitrine en pensant au plaisir dont il était privé; car, bien certainement, s'il n'eût pas été malade, sa mère l'eût conduit à cette imposante cérémonie; mais sachant qu'avec la vieille Nizetta, excellente et dévouée créature, mais créature bien plus entêtée qu'une mule, toute prière était inutile, il se renfonça de très maussade humeur tout au fond de son lit en lui disant seulement d'un air rogue :

— Tu vas au moins me donner à déjeuner, je suppose, car le docteur n'a pas ordonné la diète et je meurs de faim.

— *Presto, presto,* tu vas manger de la bonne soupe à la chicorée, des figues et une tranche de *mellanaro* à faire revivre un mort.

Et voulant mettre au plus vite sa promesse à exécution, la vieille servante essaya de courir pour aller préparer tout cela.

A peine Nizetta eut-elle disparu de l'entre-bâillement de la porte, qu'à sa place s'y montra une bonne et grosse figure toute rouge, toute fraîche, toute souriante, éclairée de deux yeux pétillants et embellie d'une double rangée de dents plus blanches que l'ivoire.

— Carlo !... s'écria d'une voix joyeuse le petit malade aussitôt qu'il aperçut cette joyeuse apparition ; sois béni, Carlo, pour être venu me voir ce matin, ajouta-t-il en tendant une main fiévreuse à son petit camarade qui la reçut en souriant.

Ce nouveau venu était un petit garçon d'une dizaine d'années, comme Benoito, mais, par exemple, bien plus grand, bien plus gros et bien plus fort que ne l'était notre héros. Fils d'un métayer du voisinage, sa vie, qu'il passait toujours au grand air, l'avait développé physiquement bien plus que ne le sont habituellement les enfants de son âge ; aussi était-il non seulement l'ami mais aussi le protecteur de Benoito, que sa pâleur, sa maigreur et sa mièvrerie avaient fait prendre presque en mépris par tous leurs petits compagnons qui, ainsi que le font les enfants de n'importe quel pays, ne reconnaissaient le mérite que dans la force du poignet et le courage à jouer des poings.

Le caractère des deux petits amis était encore aussi différent que leurs personnes.

Benoito, rêveur, triste, inquiet, se plaisait seul à errer avec son camarade sur le bord de la mer, dont il écoutait en silence la douce mélodie, tandis que Carlo s'amusait à y lancer des pierres pour faire des ricochets sur les flots. La musique était la passion de Benoito ; *Pulcinella* était celle de Carlo ; en l'un cherchait à s'allumer la flamme divine qui fait l'artiste, en l'autre ne se développait que trop, hélas ! toute la paresse du lazzarone dont il avait tout le caractère.

Comme lui gai, insouciant, vivant au jour le jour, jouissant délicieusement de son beau ciel bleu, sans penser que le travail était une des conditions de notre existence, comme le lazzarone, passé maître en pantomime, il exprimait par le jeu varié de sa physionomie, le mouvement de sa tête et la mobilité de son corps, non seulement tout ce qu'il éprouvait mais encore tout ce qu'il voulait, tout ce qu'il pensait, tout ce qu'il désirait, ce qui ne l'empêchait pas, comme son modèle, d'être le plus criard des mortels. Car, comme dit Alfieri : *Napolitani maestri in schiamazzari* (les Napolitains sont passés maîtres en fait de criaillerie) ; mais, malgré ce contraste, ou, pour mieux dire, en raison de ce contraste, Benoito et Carlo s'aimaient comme deux frères ; aussi, au cri joyeux qui s'échappa du cœur de notre petit malade, en voyant son petit camarade, celui-ci répondit par un : *Ecco mi*, qui fit retentir les vitres de la maison, puis d'un bond il se jeta au cou de celui-ci qui était si heureux de le voir.

Après les plus tendres embrassades des deux parts :

— Ton père t'a donc laissé venir auprès de moi sans craindre que tu n'attrapes la fièvre ?... demanda Benoito surpris.

En entendant ces mots, Carlo fit un de ces gestes qui n'appartiennent qu'aux lazzaroni et aux singes ; puis accompagnant ses paroles d'un gros rire joyeux :

— Mon père est à Naples, et moi je suis ici, répondit l'enfant avec cette sobriété de paroles que le Napolitain tient de l'Arabe dont il descend.

— Et pourquoi faire est-il à Naples ? demanda Benoito ; car le déplacement n'est pas dans les mœurs de ce peuple indolent et paresseux.

— Pour entendre l'office de Pâques à San-Gennaro ; le roi ira et il y aura une belle cérémonie, à ce qu'il paraît.

— Et de la bien belle musique surtout, j'en suis sûr, interrompit Benoito. Oh ! que je serais heureux d'y aller !

— Alors pourquoi n'y vas-tu pas ? fit Carlo étourdiment ; il n'y a déjà pas si loin d'ici Naples.

Benoito, en entendant son camarade parler ainsi, tressaillit comme un cheval à qui l'on fait sentir l'éperon, puis rentra aussitôt dans sa morne tristesse.

— Y aller, moi ? répondit-il, d'une voix altérée par les larmes ; mais je peux marcher à peine.

— Je te soutiendrai... interrompit Carlo ; puis mon oncle Pepe est sur la route avec son corricolo, pour y conduire les curieux ; il nous donnera bien deux petites places dans le filet pour l'amour de la Madone.

Le corricolo, qui conservait encore alors toute son antique splendeur, est un cabriolet fort élevé et à deux places, lequel, grâce à l'esprit inventif des Napolitains, transporte dix ou douze personnes et plus même dans un cas d'extrême besoin ; ainsi, outre les deux places de fondation, il y a derrière, à l'endroit où le laquais se place chez nous, une large planche attachée par des cordes, et sur laquelle quatre personnes se tiennent debout ; à la naissance de chacun des brancards s'assoient encore deux ou trois individus ; puis enfin sous la caisse, séparée du sol par un très grand intervalle, entre les deux roues, s'étend un large filet dans lequel des enfants peuvent se prélasser à leur aise.

Pendant que l'ami Carlo faisait son attrayante proposition, le pauvre Benoito devint tour à tour rouge comme une cerise bien caressée du soleil, puis d'une pâleur effrayante ; et ce fut la pâleur qui résista, car elle était amenée par l'impossibilité qui se montrait à ses yeux éblouis.

— Hélas ! comment veux-tu que je m'en aille, je n'ai pas mes hardes ? murmura-t-il tout contrit.

— Et où sont-elles ? demanda l'ingénieux Carlo qui ne doutait jamais de rien.

— Dans la chambre de ma mère, fit piteusement notre petit malade, et la vieille Nizetta en a la clef.

Carlo se gratta l'oreille, non par découragement, mais

pour éclaircir mieux ses idées ; puis tout d'un coup, bondissant comme une chèvre, il s'élança vers la fenêtre en criant d'un air joyeux à son petit camarade tout surpris :

— *Aspetto* (attends) ! Que san Gennaro me protège, et je vais avoir tes habits.

Benoito ouvrait de grands yeux sans rien comprendre, et pendant ce temps le valeureux Carlo montait par escalade

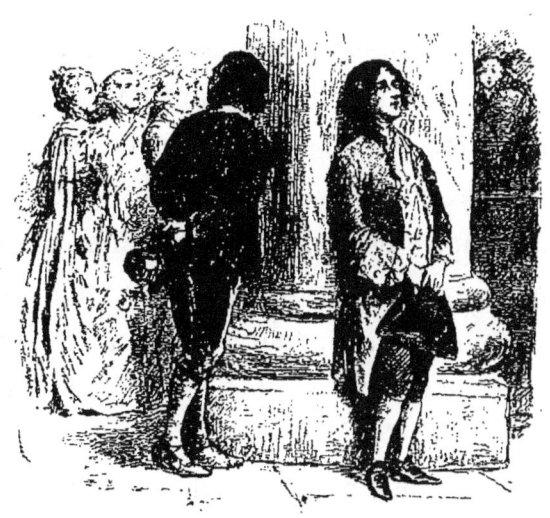

Mon Dieu que c'est beau!

jusqu'à la fenêtre de la chambre de la mère de son ami, fenêtre alors légèrement entr'ouverte pour laisser entrer la douce brise qui soufflait en ce moment ; escalade facile, grâce au treillage soutenant les belles fleurs qui décoraient la maison.

Il revint bientôt tout triomphant.

— Habille-toi vite, dit-il, car le temps n attend personne.

Et Benoito, sans se le faire répéter, sauta joyeusement à bas de son lit, et aidé de son ami, il fut bientôt prêt à se mettre en route.

— Mais comment allons-nous sortir maintenant? fit-il en s'arrêtant tout à coup, la méchante Zetta tient la maison fermée.

Carlo haussa les épaules avec mépris.

— Eh bien, nous descendrons de ta chambre comme je suis monté à celle de ta mère, par le treillage. Allons, *presto*, imite-moi.

Et joignant l'exemple aux paroles, le gros Carlo enjamba le balcon, et, s'arrêtant à chaque planchette pour soutenir le pauvre Benoito tout tremblant, ils furent bientôt en liberté.

Une fois au grand air, puis se sentant le cœur joyeux de sa délivrance, notre petit malade reprit des forces aussitôt et courut avec son ami jusque sur la grande route, où en effet le corricolo de Pepe, tout rempli de monde, se préparait à partir pour Naples. Mais comme, grâce à Dieu, il y avait encore un peu de place dans le filet, nos deux fugitifs s'y glissèrent, et tout enchantés de leur escapade commencèrent d'abord à échanger les plus plaisants lazzis; ils riaient surtout de la mine effrayée qu'ils pensaient que devait faire la vieille ménagère en s'apercevant que l'oiseau qu'elle gardait avec tant de soin était parvenu à s'échapper. Mais peu à peu leurs pensées devinrent plus sombres.

— Si nous rencontrons ton père, qu'arrivera-t-il? demanda tout à coup avec une certaine inquiétude Benoito à son ami.

Malgré son stoïcisme, Carlo tressaillit vivement en entendant faire cette réflexion qui ne s'était pas encore présentée à sa légère cervelle.

— Que la Madone me protège ! je serais alors battu par lui comme le grain avant qu'il entre au grenier, exclama le pauvre enfant tout marri ; mais, secouant aussitôt sa tête et tout son corps comme pour en chasser cette pensée loin de lui, il ajouta en riant :

— Mais, *basta !* ne cherchons pas le mal avec la lanterne, on le trouve toujours assez tôt, et pensons à tout ce que nous allons voir de beau là-bas.

Et après avoir ainsi parlé avec une insouciance qui était bien loin de son cœur, notre ami Carlo, retombant dans son inquiétude, devint profondément silencieux, tandis que Benoito, que le balancement du filet berçait doucement, se laissait entraîner à une somnolence qui n'était pas sans charme.

Le corricolo s'arrêta enfin, non à la porte de Saint-Janvier, car la foule était trop compacte dans les rues avoisinant la cathédrale pour qu'il pût y pénétrer, mais sur la place Médina, lieu de la station habituelle. Alors les deux enfants sortirent tout poudreux de leur filet, Carlo, ayant repris sa bonne humeur, et Benoito cherchant à oublier les tiraillements de son estomac à jeun, ils se dirigèrent tout joyeux vers le but de leurs désirs.

Ils eurent une peine infinie à pénétrer dans l'église ; mais enfin, grâce aux efforts de l'un et à l'agilité de l'autre, ils parvinrent à se glisser tout haletants et tout en sueur presque au pied de l'autel, et là, Carlo s'amusant à admirer les riches habits des gens de cour, et Benoito absorbé dans une extase sans bornes, restèrent adossés contre un pilier pendant les deux heures que dura la cérémonie, sans prendre garde à la longueur du temps, tant l'un était heureux de sa curiosité satisfaite, et l'autre d'écouter une si suave musique.

— Mon Dieu, que c'est beau ! que c'est donc beau ! murmurait-il pendant que de grosses larmes, causées par sa vive émotion, glissaient lentement sur ses joues pâles et enfiévrées.

Mais tout a un terme, le plaisir comme la douleur, et le moment vint où nos deux amis durent quitter l'église. Alors Benoito, qui tout entier à son extase avait oublié ses souffrances, les ressentit si vivement tout à coup qu'il lui fut impossible de se soutenir, et qu'il tomba comme une masse inerte aux pieds d'un homme du peuple qui passait près de lui en ce moment.

Deux cris se croisèrent, alors que Carlo et l'étranger s'élancèrent pour secourir le pauvre enfant évanoui.

— Benoito !... exclamait l'un avec une douloureuse surprise.

— Mon père !... exclamait l'autre avec une profonde terreur.

Et bien certainement Carlo se serait enfui si le brave métayer n'eût pas pris dans l'un de ses bras le corps du petit Benoito et de l'une de ses mains l'oreille de son vagabond de fils, qu'il retrouvait si malheureusement pour celui-ci ; et ce fut traînant l'un et portant l'autre qu'il sortit de l'église et regagna le corricolo de Pepe qui devait le reconduire au logis. Mais, avant d'y monter, et après y avoir installé le petit malade qui commençait à reprendre sa connaissance, il ôta sans vergogne la culotte de Carlo, et en pleine place publique il lui administra la plus honteuse des corrections ; puis, l'ayant hissé auprès de son petit camarade, il y grimpa lui-même, et peu après tous trois étaient rendus à Casoria.

Ils trouvèrent les gens de la maisonnette fleurie dans la plus vive inquiétude.

— Mon enfant ! mon pauvre enfant ! qu'est-il devenu ? qu'en as-tu fait, Nizetta ? demandait à sa vieille servante la pauvre mère les yeux rougis de larmes et le cœur palpitant d'inquiétude, car en rentrant au logis elle l'avait trouvé désert.

Et Nizetta, s'arrachant les cheveux, invoquant la Madone et tous les saints du paradis, ne savait que répondre ; car la façon dont les enfants s'étaient enfuis n'avait pu être devinée par elle.

Ce fut en ce moment que le métayer ramenait au bercail la pauvre brebis égarée, aussi fut-il salué de bien vives acclamations joyeuses ; acclamations qui, hélas ! se changèrent promptement en lamentations de douleur ; car peu d'instants après le retour de Benoito une fluxion de poitrine terrible se déclara. L'enfant n'avait pas senti sa chemise se glacer sur lui pendant qu'il écoutait avec tant de bonheur la musique ; aussi durant plus d'un grand mois il resta entre la vie et la mort, et ce fut si maigre, si pâle et si débile qu'il en sortit, que toujours il se ressentit de cet assaut terrible.

. . . .

Plus d'une vingtaine d'années se sont écoulées depuis l'escapade de nos petits héros, quand nous rentrons encore dans la maisonnette fleurie de Casoria. Mais que d'événements se sont passés depuis que nous l'avons quittée, et que de tombes se sont ouvertes !

La vieille Nizetta a rempli la première, puis la mère du petit Benoito, puis le père de Carlo ; et nos deux amis, restés seuls, mais toujours unis de l'affection la plus tendre, se sont lancés à travers la vie : Benoito, en suivant la route ardue mais glorieuse des arts, Carlo, en restant comme son père un ouvrier honnête et laborieux ; et tous deux y ont cueilli les fruits qu'ils voulaient récolter : Benoito une brillante renommée, Carlo une douce et modeste aisance.

En ce moment nous les trouvons réunis encore. Carlo a acheté la maisonnette qui a vu naître son ami, et Benoito venait se reposer au milieu de cette heureuse famille des soucis et des fatigues de sa glorieuse position ; car l'honnête métayer est marié : une belle et bonne Calabraise aux grands yeux noirs, aux dents de perles a pris la place de la mère de Benoito, et de jolis enfants l'ont remplacé lui-même.

Le grand artiste, en cet instant plus que jamais, a besoin de ses forces et de son inspiration, car il vient de lui être demandé une œuvre capitale, le *Stabat Mater*, par le chapitre de Saint-Janvier, et cela pour le Vendredi-Saint qui approchait, puisqu'on était alors presque au milieu du carême ; il n'y avait donc pas de temps à perdre. Aussi

Benoito s'était-il retiré près de ses amis, afin de retrouver là, avec le repos, un peu de santé et de forces dont il avait besoin pour pouvoir donner à son œuvre cette énergie douloureuse que demandent les tristes paroles qui doivent être pleurées bien plus que chantées, car notre héros était resté, jeune homme, ce qu'il était enfant, pâle, mièvre et souffreteux.

Nous le retrouvons un soir, dans une jolie petite chambre, située tout en haut de la maisonnette, les pièces principales étant occupées par la famille de son ami, et là, assis devant une petite épinette, la tête posée dans l'une de ses mains, tandis que l'autre effleurait légèrement les touches d'ivoire, il était plongé dans une méditation profonde.

Tout à coup il se lève, et frappant du pied la terre avec découragement :

— Non, jamais! murmura-t-il, je ne pourrai rendre ce que je crois comprendre et que je ne saurais sentir, car la douleur d'une mère près du cadavre de son enfant doit être quelque chose de si déchirant et de si sublime tout à la fois, que jamais! non, jamais! un homme ne pourra l'exprimer... Je renonce donc à écrire cette hymne qui doit peindre la douleur de la Vierge après la mort du Christ, car je me reconnais indigne d'une tâche semblable.

En ce moment des cris déchirants se firent entendre.

— Oh! mon Dieu! exclama Benoito en s'élançant vers la porte, on dirait la voix de Calta.

Et il descendit quatre à quatre les marches de l'escalier qui le séparaient de la chambre des jeunes époux.

Là, un spectacle déchirant s'offrit à ses regards : sur le lit un pauvre petit enfant se tordait dans des convulsions affreuses, tandis que sa mère, au désespoir, tout en cherchant à lui porter secours, laissait échapper de sa poitrine et de son cœur les gémissements et les cris qui l'avaient attiré.

Le père était absent; il était sorti pour demander un médecin, et Benoito chercha à aider Calta de ses soins et à l'encourager de ses paroles. Mais la pauvre créature ne pouvait rien entendre, elle souffrait des souffrances de son enfant et répondait par ses cris à ceux du pauvre être qui lui était si cher. Alors voyant son impuissance, notre jeune artiste se laissa tomber avec decouragement sur un siège, et assista, témoin passif, au douloureux spectacle qui se passait devant lui.

Alors, malgré lui, la pensée de son œuvre lui revint en mémoire.

— Voilà, dit-il, ce que je ne savais pas trouver. Voilà ce que je ne pouvais pas rendre... Voilà le vrai désespoir d'une mère.

Et machinalement, sans se rendre compte de son action, il se leva, sortit de la chambre de Calta, monta dans la sienne et se plaça devant son épinette ; mais quand il eut mis les doigts sur les touches et qu'il en eut fait sortir un son il se releva avec horreur.

— Faire de la musique auprès d'une mère qui pleure, c'est une infamie ! exclama-t-il ; pauvre femme et misérable que je suis !...

Il se promena alors à grands pas à travers la chambre.

— Pour elle, je ne peux rien, murmura-t-il, et en moi je sens le feu sacré qui me brûle... Faut-il donc le laisser

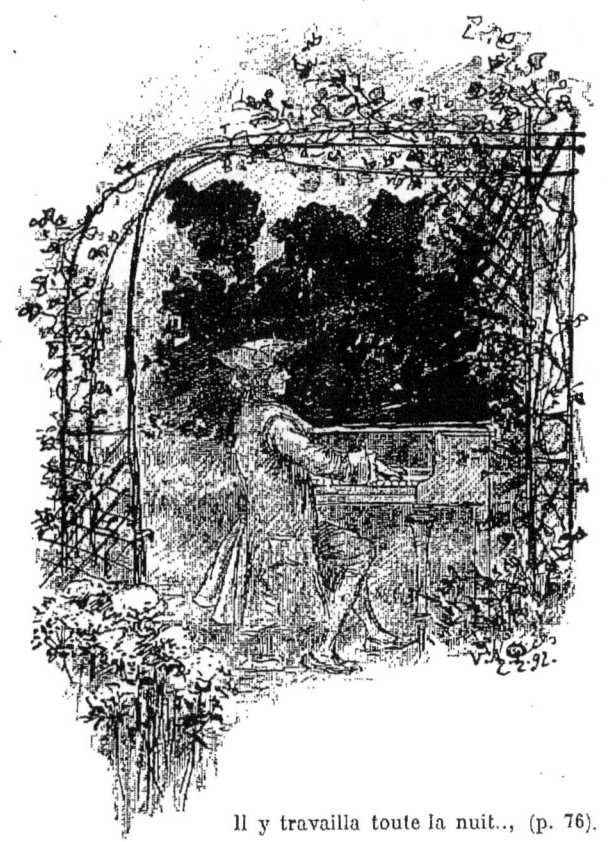

Il y travailla toute la nuit.., (p. 76).

s'éteindre quand ma gloire, mon immortalité doivent en sortir, peut-être ?...

Alors une pensée étrange se présenta à lui.

L'épinette de cette époque était encore un très petit instrument.

Benoito se baissa, le plaça sur ses épaules comme un

commissionnaire fait d'un lourd fardeau, et tout haletant le porta jusqu'au fond du jardin.

— Là, je n'entendrai rien, se dit-il, je peux donc y travailler.

En effet, il y travailla toute la nuit, et de ce travail sortit un chef-d'œuvre, car au point du jour le *Stabat Mater* était achevé.

Et alors aussi l'enfant de Calta était sauvé ; mais le grand artiste était perdu. La fraîcheur de la nuit l'avait frappé d'une nouvelle fluxion de poitrine dont il mourut le Vendredi-Saint, au moment même où toute la cour et toute la haute société de Naples acclamaient par de brûlantes larmes l'œuvre sublime de Pergolèse.

Ce fut donc ainsi que Benoito Pergolèse, compositeur célèbre, qui fit faire de très grands progrès à l'art musical, s'éteignit à l'âge de trente-trois ans, à Casoria, petit bourg près de Naples, en l'année 1737.

Ctesse DE BASSANVILLE.

FRAGMENTS DU *STABAT MATER*

MUSIQUE DE J.-B. PERGOLÈSE

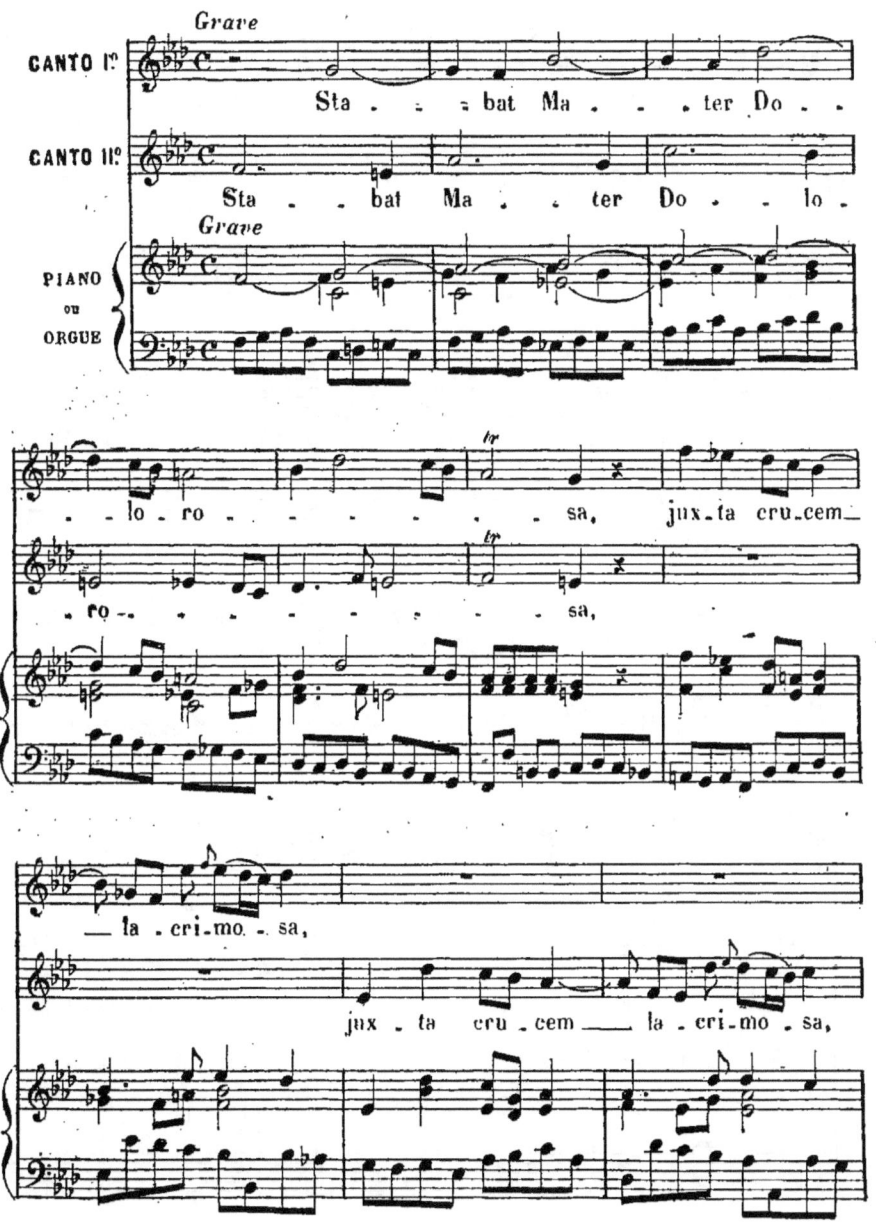

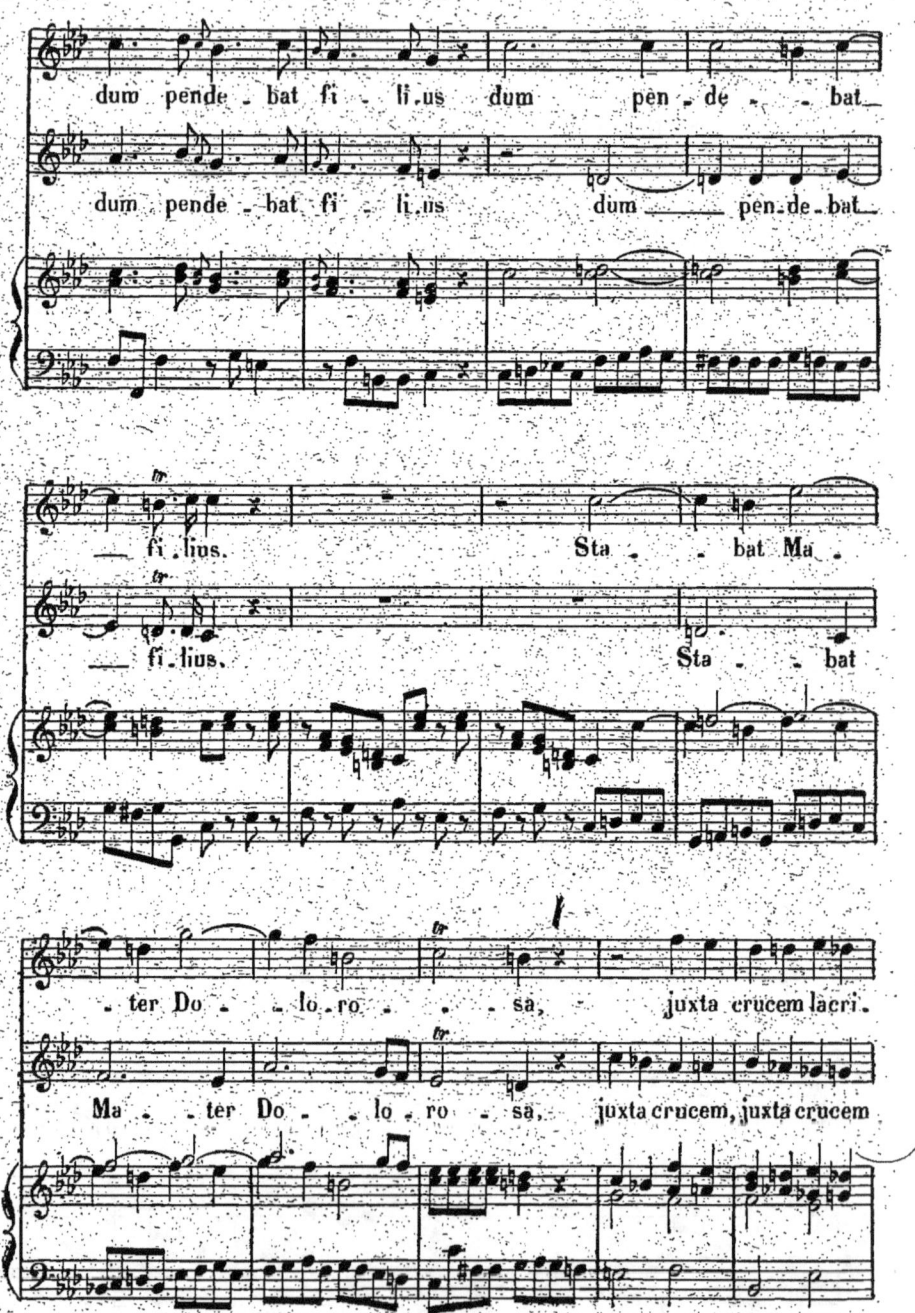

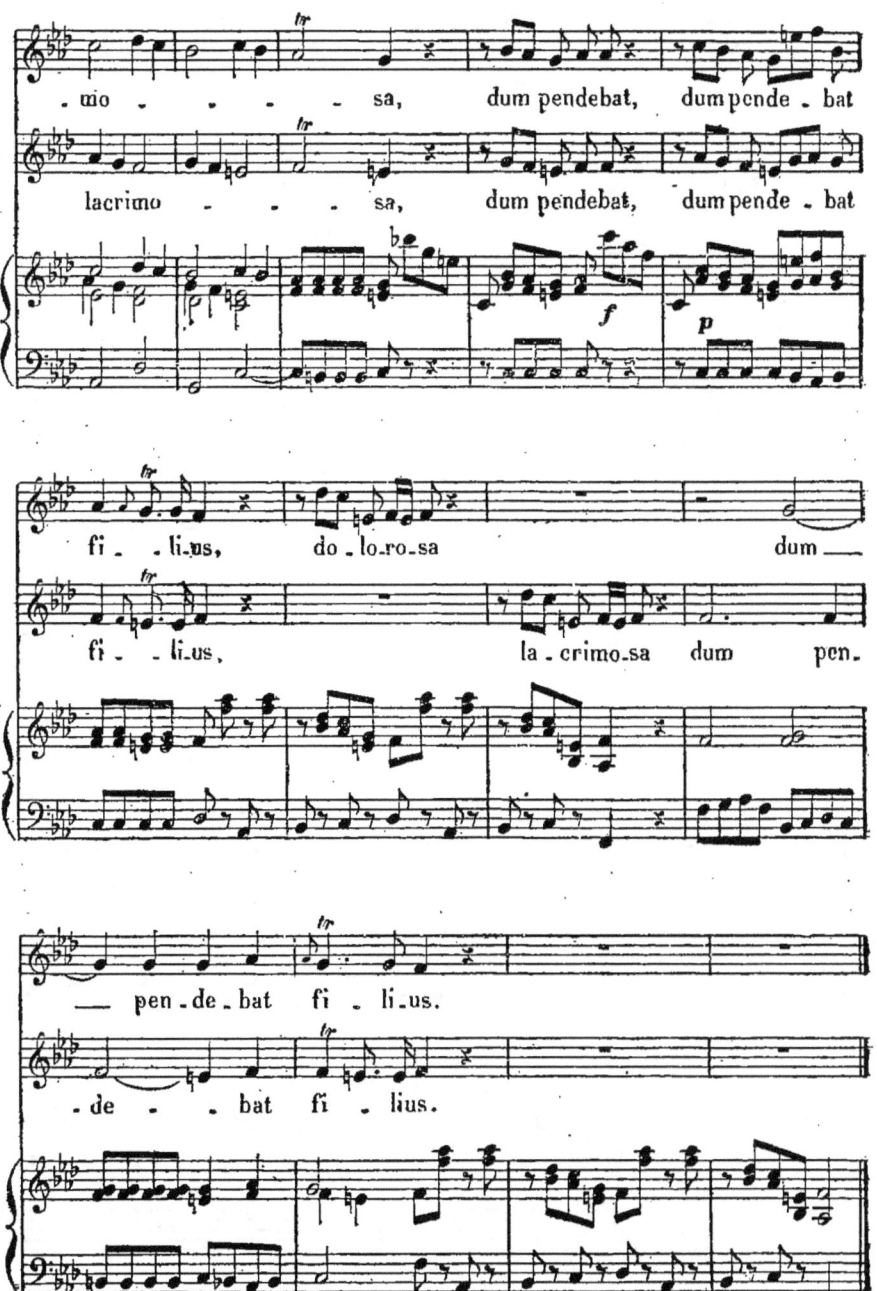

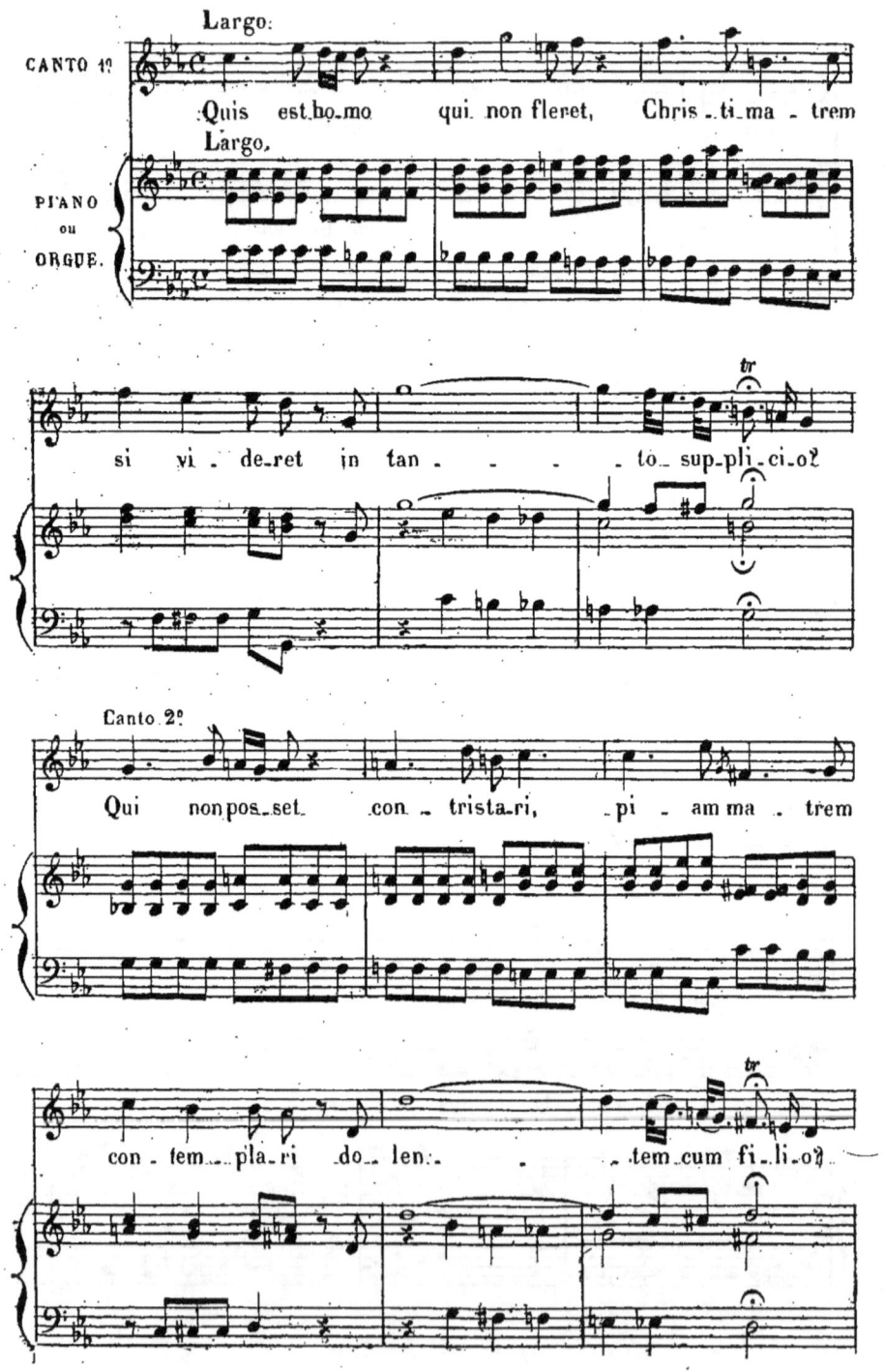

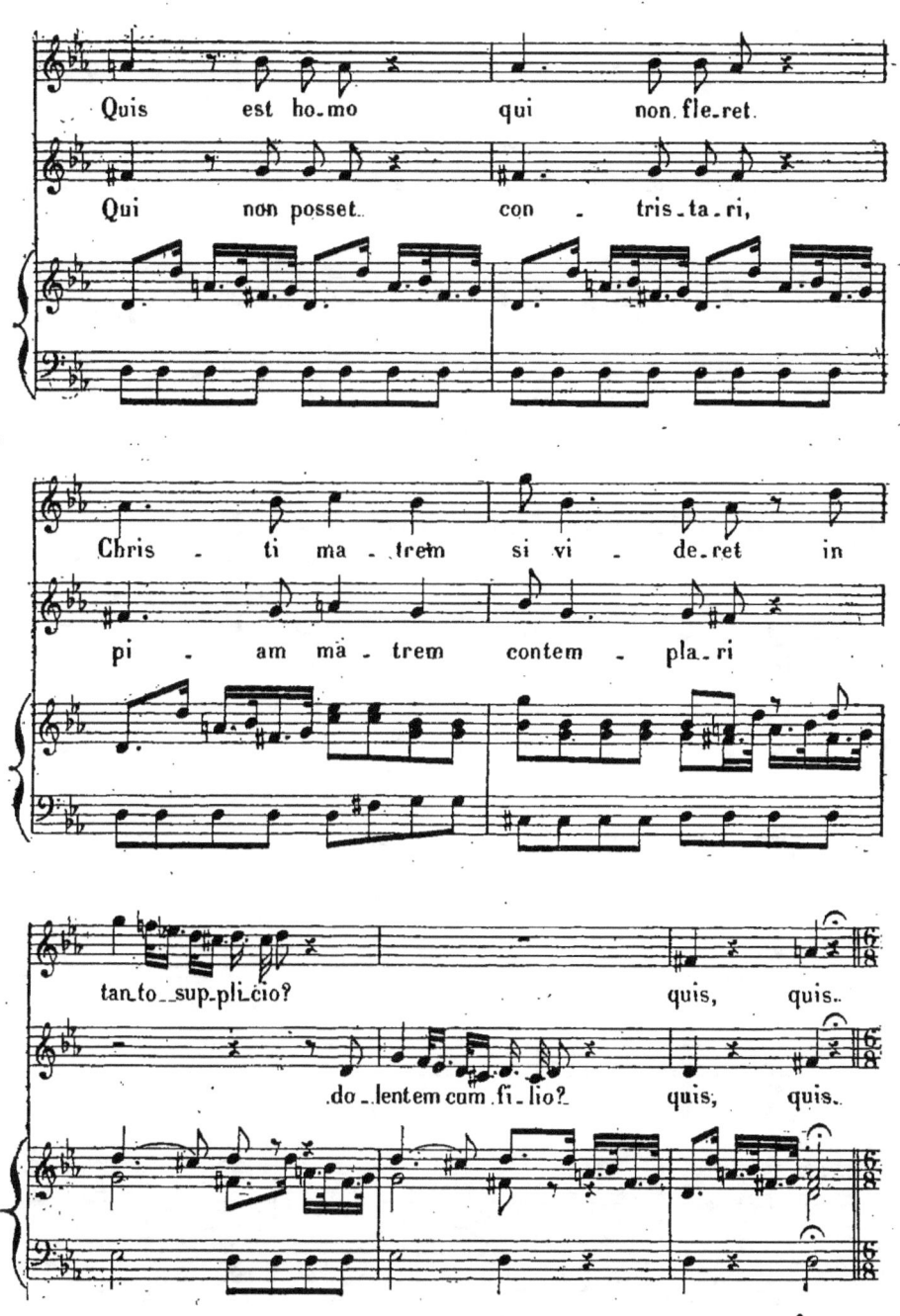

82 LÉGENDES DE L'ART

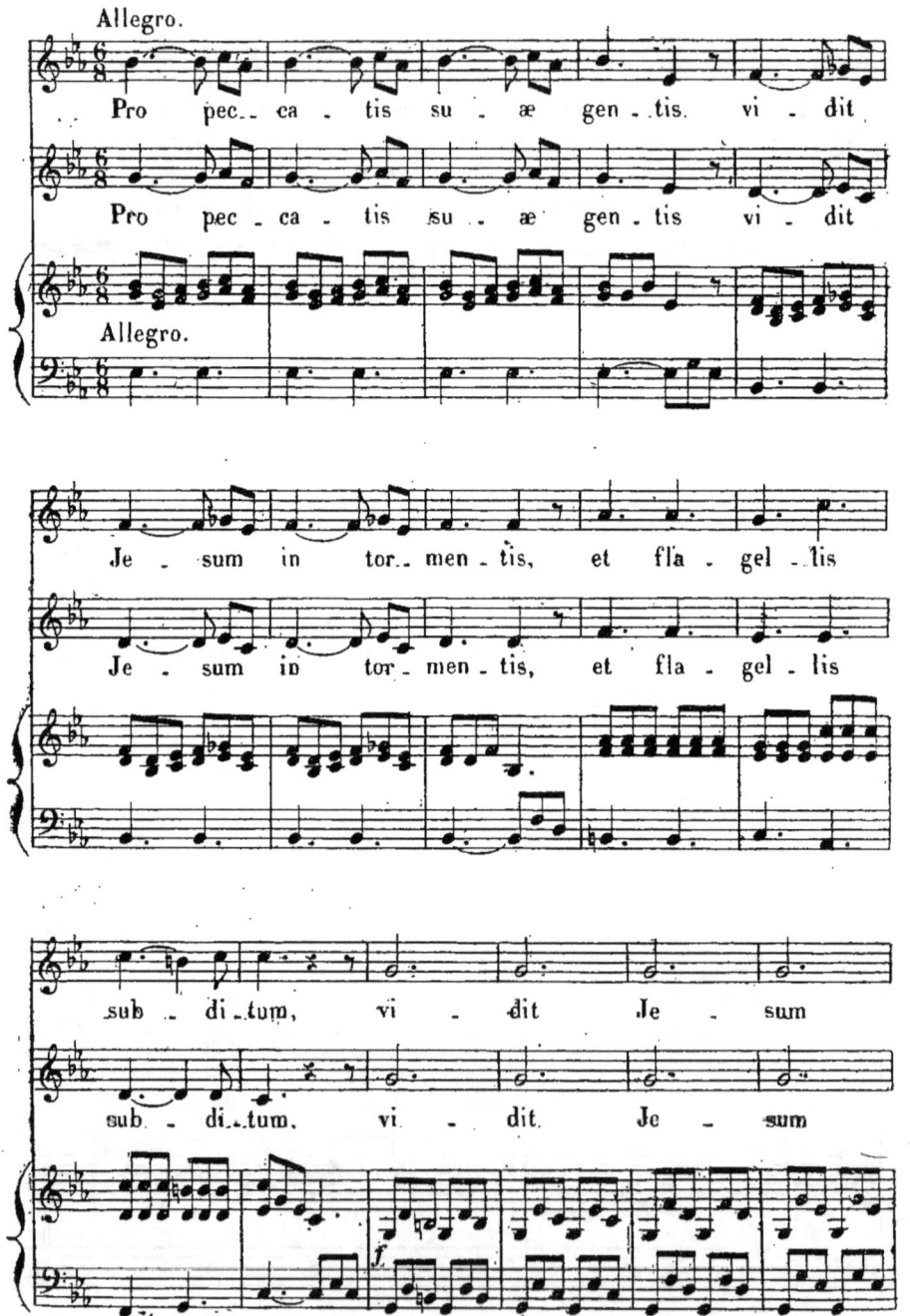

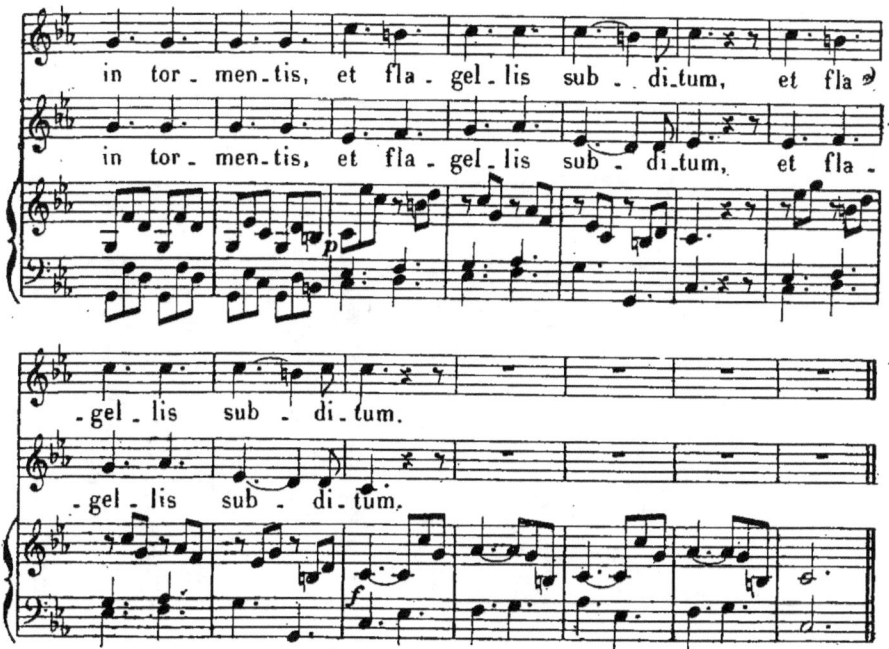

HAYDN

(1732-1809)

LE DIABLE BOITEUX. — LE MENUET DU BŒUF
ET LES SEPT PAROLES DU CHRIST

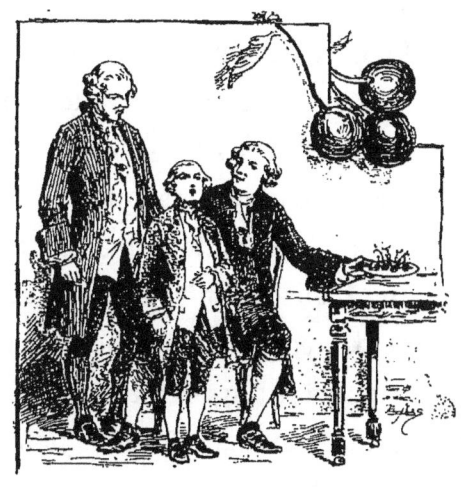

— Que fais-tu là, *puppe?* dit, en s'arrêtant tout à coup de chanter, une jeune paysanne autrichienne, s'adressant à un enfant de cinq ans, très absorbé dans une mimique dont le sens lui échappait.

— Eh! je joue du violon, *mamma*, répondit sans se déconcerter le petit bonhomme.

— Vois donc, Mathias, s'il est drôle, reprit la jeune femme en se tournant vers son mari.

Celui-ci regarda à son tour et vit son fils qui tenait avec le plus grand sérieux du monde, d'une main, un morceau de bois appuyé contre son épaule, et de l'autre une sorte de baguette, ayant la prétention de représenter un archet, et que l'enfant faisait glisser avec une précision de mesure étonnante sur ce qu'il appelait son violon.

Cet enfant s'appelait Joseph Haydn, il était l'aîné d'une famille qui ne devait pas avoir moins de vingt représentants, tous fils de Mathias Haydn, que nous avons vu nommer tout à l'heure, et d'Anne-Marie, son épouse.

Ce Mathias était un simple charron du village de Rohrau, non loin de Vienne, qui, à l'époque de la naissance de son fils, c'est-à-dire en 1732, cumulait les fonctions de sacristain et d'organiste de sa paroisse.

Mathias avait une fort belle voix de ténor et, comme il adorait la musique, il s'était mis à apprendre aussi la harpe. Les dimanches et les jours de fêtes, dans l'intervalle des offices, le brave ouvrier se reposait des travaux de la semaine en prenant son instrument. Il soutenait ainsi sa voix et celle de sa femme qui, bien que n'ayant pas été autre chose qu'une cuisinière du comte d'Harrach, seigneur de leur village, chantait pourtant agréablement.

C'était à l'un de ces concerts hebdomadaires que le jeune Joseph avait voulu prendre sa part, accompagnant tantôt son père ou sa mère, en marquant le rythme de leur chant avec la gravité d'un chef d'orchestre.

Un jour, certain cousin du charron, nommé Franck, maître d'école dans un bourg voisin, vit ce jeu de l'enfant, et, frappé de la sûreté avec laquelle il indiquait la mesure, dit à ses parents :

« — Ce marmot est musicien par instinct, donnez-le-moi, je lui apprendrai à l'être par principes. »

La proposition fut acceptée : le petit Joseph suivit son cousin à Haimbourg et commença à apprendre les éléments de la musique, en même temps que ceux de la langue latine. La connaissance de cette dernière devait imprimer chez lui, comme chez la plupart des musiciens du dix-huitième siècle, une grande justesse d'expression dans les compositions religieuses, due à l'interprétation exacte des textes qu'ils savaient lire dans cet idiome.

Le cousin Franck était sévère pour son jeune parent, et l'on prétend que c'était le plus souvent à coups de taloches qu'il cultivait les heureuses dispositions de l'enfant.

Il le mit à l'étude du violon et du plain-chant, afin de faire briller au lutrin la voix pure et sonore du petit virtuose, qui en acquit bientôt une sorte de réputation à plusieurs lieues à la ronde.

Il y avait déjà trois ans que durait cet état de choses, lorsque le maître de chapelle de Saint-Etienne de Vienne, qui cherchait à recruter des enfants de chœur pour sa célèbre cathédrale, se trouva amené à Haimbourg.

Franck voulut le voir, et lui parla de son jeune cousin comme d'un prodige.

« — Je voudrais l'entendre, dit Reuter.

« — Nous sommes à vos ordres, répondit le pédagogue. »

On fit venir le petit Joseph auquel Reuter donna un morceau assez difficile à déchiffrer. Il s'en tira à la grande satisfaction de tous ; seulement le maître de chapelle remarqua qu'il ne savait pas faire le trille, il lui en demanda la cause.

« — Comment voulez-vous que je le sache, riposta l'enfant terrible, puisque mon cousin lui-même ne le sait pas?

« — Viens ici, je vais te l'apprendre, répliqua Reuter. »

Tenant le jeune Haydn entre ses jambes, il lui montre quel mouvement il faut imprimer au gosier pour obtenir l'effet désiré. L'enfant *trille* aussitôt avec facilité.

Charmé de rencontrer tant de bonnes dispositions chez un bambin de huit ans, le Viennois prend une assiette de cerises que Franck lui avait fait apporter et la verse entièrement dans la poche de l'enfant. Haydn disait plus tard qu'il ne pouvait triller, sans avoir encore le goût de ces magnifiques cerises.

Reuter emmena l'enfant à Vienne et le fit entrer au chœur de Saint-Etienne.

Le travail obligé de ses camarades n'était que de deux heures par jour, mais Haydn trouva moyen de le porter à seize heures. Rien du reste ne lui plaisait et ne le distrayait autant que la musique, sur n'importe quel instrument. Lorsqu'il était à s'amuser avec ses camarades, sur la place voisine de Saint-Etienne, si l'orgue se faisait entendre par hasard, aussitôt il quittait tous les jeux et entrait à l'église.

Ainsi toujours préoccupé de son art favori, Haydn, à peine âgé de treize ans, eut l'idée de composer une messe; mais lorsqu'il voulut la faire voir au maître, celui-ci lui tourna le dos avec dédain, en lui disant :

« — Avant de vouloir composer, il faut apprendre à écrire. »

Ce fut pour le précoce musicien une heureuse révélation ; car dès lors il n'eut plus qu'une pensée : acquérir les connaissances qui lui manquaient ; mais comment ? Les leçons d'harmonie et de contrepoint coûtaient assez cher, et le pauvre enfant de chœur n'avait pas d'argent

Une idée lui vint.

Ses vêtements étaient fort mûrs et méritaient de grandes réparations. Il en écri-

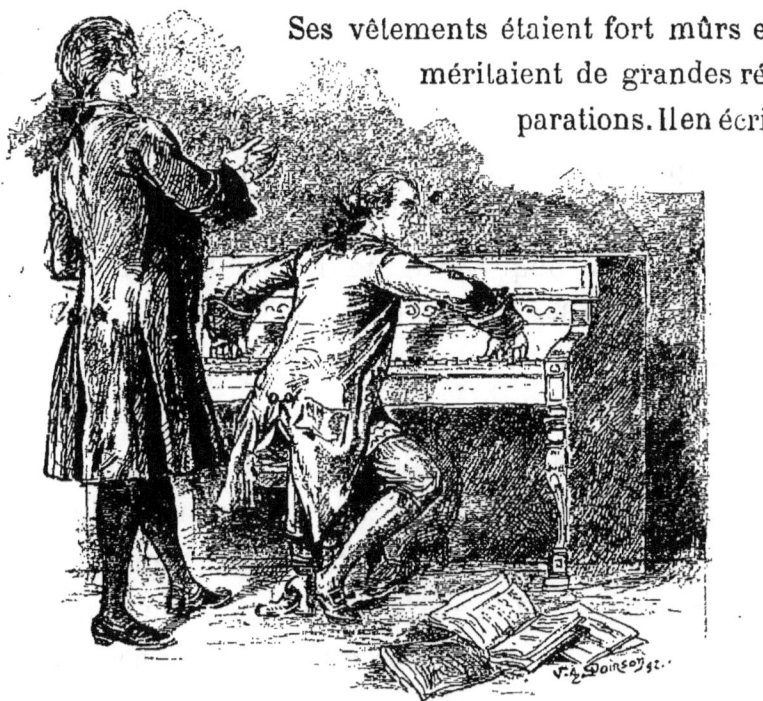

Au diable la tempête !

vit à son père, qui voulut bien lui envoyer quelques florins pour pourvoir à cette nécessité urgente. Au lieu d'employer l'argent autour de sa garde-robe, le jeune artiste s'en servit pour acheter chez un bouquiniste quelques livres de théorie, et il se mit à les étudier avec une persévérance que rien ne pouvait rebuter.

Des appréciateurs compétents disent que c'est à cette absence d'enseignement méthodique, à la nécessité de chercher seul ce qu'on apprend à d'autres, que ce génie dut une science plus expérimentale et cette liberté d'inspiration pleine d'originalité qui devaient faire d'Haydn le grand symphoniste du dix-huitième siècle.

. . . .

Huit ans s'étaient écoulés depuis que le fils du charron de Rohrau était entré à la maîtrise de Saint-Etienne, et une espièglerie allait changer son sort.

A cette époque, on portait les cheveux retirés en arrière et noués à la nuque avec un ruban. Un jour, le jeune Joseph, ayant des ciseaux neufs, était comme poussé à les essayer sur tout. Ne s'avisa-t-il pas, en passant près d'un de ses camarades, de lui couper un bout de sa queue ! Reuter, chez lequel le talent déjà réel d'Haydn éveillait quelque jalousie, profita de cette circonstance pour se montrer inexorable. Au lieu de traiter cette gaminerie comme elle méritait de l'être, c'est-à-dire par une bonne réprimande, le maître en prit prétexte pour donner à l'adolescent un congé brutal et définitif.

On approchait de neuf heures du soir au mois de novembre, le temps était déjà froid, la nuit noire, quand le pauvre enfant de chœur se trouva ainsi jeté sur le pavé de Vienne. Il y erra toute la nuit, sans argent et avec des vêtements si usés qu'il osait à peine se montrer.

Vers le matin, aussi honteux que transi, il fut rencontré par un pauvre perruquier nommé Keller, qui le connaissait surtout pour avoir entendu sa belle voix.

En Autriche, on aime la musique, et les classes ouvrières elles-mêmes sont sensibles au dilettantisme ; Keller, à qui Haydn conta sa mésaventure, l'engagea aussitôt à venir partager sa modeste existence.

Modeste n'est pas trop dire ; car le perruquier possédait pour tout logement une chambre au cinquième étage, qu'il occupait avec sa femme et ses enfants, et une mansarde au sixième ; c'est cette dernière qu'il offrit à Haydn : elle fut acceptée avec empressement.

Un mauvais grabat, une chaise, un vieux clavecin tout détérioré qu'il parvint à se procurer et sur lequel il plaça ses traités de théorie, composaient tout son mobilier ; mais le brave perruquier lui offrait en même temps une place à sa table de famille, ce qui délivrait l'artiste de tout souci matériel.

Il se mit alors à étudier avec une assiduité remarquable : les sonates d'Emmanuel Bach devinrent l'objet de sa prédilection ; et le plaisir qu'elles lui procuraient les lui fit prendre pour modèles dans ses premières compositions.

« Assis à mon clavecin rongé par les vers, disait-il, je n'enviais pas le sort des monarques. »

Et, en parlant des sonates de Bach, il ajoutait :

« Je ne bougeais point du clavecin sans les avoir jouées d'un bout à l'autre ; celui qui me connaît à fond trouvera que j'ai de grandes obligations à Emmanuel, que j'ai saisi son style, que je l'ai étudié avec soin ; cet auteur lui-même m'en fit jadis compliment. »

Un travail aussi soutenu amena des progrès rapides et permit à Haydn de trouver quelques occupations ; il jouait une partie de premier violon à l'église des Pères de la Miséricorde et touchait de l'orgue dans une autre église, puis donnait quelques leçons, qui furent pour lui l'occasion de composer de petites pièces pour ses élèves.

Un de ces morceaux tomba par hasard aux mains d'une comtesse, Mme de Thun, qui aimait passionnément la musique, elle s'enquit du nom de l'auteur et demanda à le connaître. Ce ne fut pas sans peine que ses gens parvinrent à le découvrir. Quand Haydn se présenta devant elle, avec le seul costume délabré qu'il possédait, elle parut surprise.

— C'est M. Haydn que j'ai demandé, dit-elle.

— C'est moi, Madame.

— Mais la personne que je désire voir est l'auteur de cette sonate.

— C'est encore moi !

Cela demandait une explication ; le jeune artiste la lui donna ; il la mit au courant de sa situation précaire et la dame, touchée de ce sort malheureux, lui fit immédiatement présent de vingt-cinq ducats pour l'encourager à continuer ses travaux. Il devint son maître de chant et de clavecin, ainsi que celui de plusieurs autres dames, à qui elle l'avait recommandé.

Ce fut le commencement d'une nouvelle fortune.

Celle-ci allait s'augmenter bientôt après ; voici comment :

Dans la maison où Haydn habitait un grenier, le célèbre poète italien Métastase avait un appartement conforme à la haute situation qu'il occupait à la cour de Vienne.

Métastase aimait l'intelligence qui éclatait dans la con-

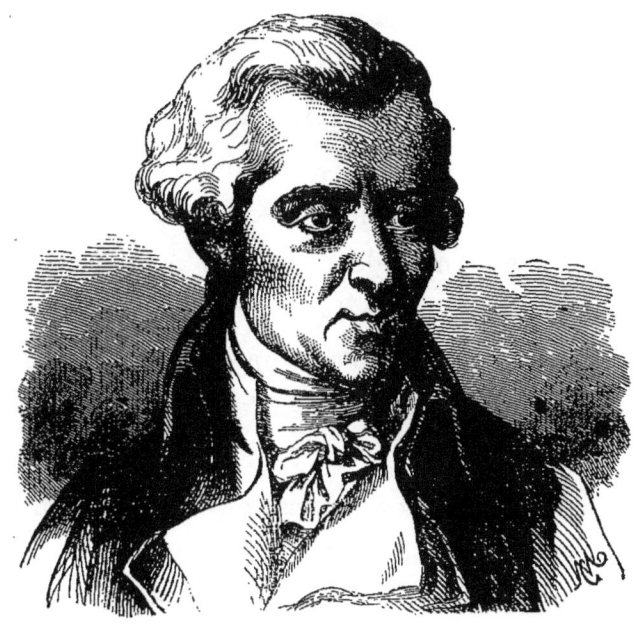

Haydn.

versation d'Haydn ; il lui apprit les éléments de la langue italienne, et bientôt l'introduisit dans la maison de l'ambassadeur vénitien Corner.

Ce dernier logeait dans son hôtel le vieux Porpora, fameux compositeur italien excellant dans la musique religieuse.

Haydn, qui avait séduit l'ambassadeur par son talent, était animé du grand désir de mettre à profit la faveur dont il l'entourait pour gagner les bonnes grâces de Porpora, dont les avis ne pouvaient manquer de lui être utiles. Mais le vieux Napolitain était d'humeur peu agréable, et cela rendait le projet d'Haydn plus difficile à réaliser.

Cependant, Corner étant parti pour les bains de Manensdorff avait emmené, avec toute sa maison, Porpora et le jeune Haydn.

C'était le cas pour celui-ci de redoubler d'attentions auprès du maëstro. Il n'eut garde d'y manquer : le matin de bonne heure, il brossait ses habits, accommodait sa perruque et nettoyait même ses souliers, se faisant ainsi son très gracieux valet de chambre. A la fin, le vieux maître, touché de tant de prévenances, s'apprivoisa et finit par donner à son aimable serviteur volontaire de précieux enseignements sur les principes d'une harmonie correcte appliquée à l'accompagnement.

Ces conseils furent les seules leçons de composition qu'Haydn reçut d'un maître. Il les mit si bien à profit, que l'on put constater chez lui un progrès énorme en peu de temps. L'ambassadeur en fut tellement charmé, qu'à son retour à Vienne, il lui alloua une petite pension.

Cette nouvelle ressource, jointe à celles que lui procurait la protection de la comtesse, améliora la position du jeune musicien : il put enfin quitter son grenier et s'habiller de façon à se présenter convenablement dans des concerts où on le convia à prendre part.

Il donnait aussi carrière à diverses fantaisies dans lesquelles figura bientôt une sérénade à trois instruments, qu'il prenait plaisir à aller exécuter avec deux de ses amis, au clair de la lune, dans différents quartiers de la ville.

Un beau soir, il la fit entendre sous les fenêtres du célèbre arlequin Curtz, qui était connu à Vienne sous le nom de *Bernadone,* et alors directeur d'un théâtre.

Frappé de l'originalité de ce qui parvenait à ses oreilles, l'impresario descendit dans la rue pour savoir qui avait composé cette musique.

— C'est moi, dit Haydn.

— Comment, toi? à ton âge?

(Haydn avait alors dix-neuf ans.)

— Ne faut-il pas commencer par quelque chose? répliqua-t-il.

— Tu as raison. Saurais-tu écrire un opéra?

— Je n'en ai jamais fait; mais j'essaierais si j'en avais un.

— Eh bien! viens avec moi!

Curtz le fit monter chez lui, et, peu d'instants après, Haydn le quittait tout rayonnant de joie ; car il emportait le livret d'un opéra-comique, le *Diable boiteux,* dont il était chargé de faire la musique.

Quelques jours après, le jeune artiste revenait trouver le directeur ; sa partition était faite, sauf un passage où il s'agissait de peindre une tempête. Haydn n'en avait jamais vu de sa vie, il ne savait comment s'y prendre. Le directeur non plus ne connaissait pas la mer. Il cherchait pourtant à se figurer et surtout à représenter à Haydn l'effet que, selon lui, une tempête devait produire. Le compositeur essayait à son tour de rendre sur le clavecin la pensée qu'on lui donnait ; à la fin, impatienté de n'y pouvoir parvenir, il étendit les mains aux deux extrémités du clavier et les ramena vivement l'une vers l'autre en s'écriant :

— Au diable la tempête !

— La voilà, la voilà ! s'écria à son tour le directeur, en lui sautant au cou.

Cet opéra ainsi composé en peu de jours eut un plein succès, et justifia toute la confiance que l'impresario avait eu dans le talent d'Haydn.

* * *

Les productions du jeune artiste se succédèrent alors avec rapidité : c'étaient des sonates, des concertos, de ces petites pièces alors à la mode pour toutes sortes de cérémonies.

Dans ce genre peut figurer le fameux menuet qui devait avoir une célébrité de nom autant que d'œuvre ; j'entends le *Menuet du bœuf*.

En voici l'origine :

Un compatriote du jeune Haydn qui s'était acquis une certaine aisance en faisant le commerce des bestiaux, vint un jour trouver le compositeur et lui dit :

— Monsieur Haydn, je voudrais bien vous demander quelque chose.

— Quoi donc, mon brave homme ?

— Eh bien, voilà ! Je marie ma fille, n'est-ce pas ?

— Ah ! dit Haydn, je suis charmé de l'apprendre, alors…?

— Alors, j'aurais voulu lui faire des noces dignes d'elle, vous comprenez.

— Je comprends.

— Mais vous savez, monsieur Haydn, dans notre pays, quand on veut que les choses soient bien faites, on exécute à la cérémonie un morceau de musique tout nouveau.

— Oui! fit le maître, un menuet inédit.

— C'est cela! Je désirerais donc avoir pour ma fille un petit menuet, comme vous dites, qu'on n'aurait jamais entendu.

— La chose est facile, répondit Haydn.

— Seulement, c'est le prix qui me gêne; vous devinez bien dans mon état qu'il faut beaucoup d'argent, et qu'on n'en peut pas mettre trop pour les fantaisies.

— De combien voudriez-vous disposer? demanda Haydn, curieux de savoir ce qu'allait lui proposer le paysan.

— J'avais pensé que, en qualité de compatriote, vous pourriez peut-être me faire cela pour le prix d'un bœuf.

— D'un bœuf! dit Haydn, qui ne put s'empêcher de sourire; puis, voyant l'étonnement de l'homme, il prit la chose au comique.

— Eh bien, soit! s'écria-t-il, j'accepte pour la rareté, vous aurez votre menuet, et ce sera le *Menuet du bœuf!*

L'œuvre ainsi décidée devint une fantaisie charmante que connaissent et qu'exécutent encore tous les pianistes de nos jours.

*
* *

Mais, une des œuvres préférées du maître, à cause sans doute du caractère sérieux et profond vers lequel il inclinaît, comme le rapprochant plus de la perfection et des régions élevées de l'art, appartient à la musique religieuse et a pour titre *les Sept paroles du Christ*.

Un chanoine de Cadix voulait avoir, pour ajouter à la solennité des offices religieux du jeudi saint, une symphonie en sept parties, dont chacune exprimerait des sentiments en rapport avec les sept paroles prononcées par le Christ expirant sur la croix. Un concours eut lieu à cet effet entre plusieurs auteurs, et Haydn remporta le prix.

Nulle part, en effet, il n'était possible de trouver une plus grande largeur de pensée que dans cette composition, qui fait entrevoir à l'âme humaine quelque chose de la beauté incréée, qui la pénètre de cette suavité sublime qu'on peut prendre pour une émanation de la parole même du divin crucifié.

A mesure qu'Haydn avançait en âge, il semblait avoir une sorte d'intuition plus vive de ces grands sentiments qui sont la suprême idéalité de l'art. Il n'avait pas moins de soixante-trois ans lorsqu'il fit ses chefs-d'œuvre les plus immortels : *la Création du monde* et *les Quatre-Saisons*, où il peignit, à l'aide de sons, une suite de tableaux, rappelant le printemps, l'été, l'automne et l'hiver, qui sont demeurés des modèles de musique descriptive.

Ce grand génie, visant plus à la perfection qu'à la gloire, usait, paraît-il, dans sa façon de travailler, d'habitudes assez curieuses. Quand il voulait faire une œuvre soignée, il commençait par soigner sa personne : il se rasait, se poudrait, mettait du linge blanc, s'habillait comme pour aller se présenter à son empereur en personne, n'omettant même pas de passer à son doigt la bague dont ce souverain lui avait fait présent.

Ainsi paré, il prenait un papier régulièrement ligné, des plumes bien taillées, et alors commençait par écrire l'histoire de ce qu'il voulait mettre ensuite en musique. Cela fait, il travaillait pendant cinq ou six heures sans manifester la moindre fatigue. Aucune rature ne venait déparer l'extrême propreté de ses notes, qu'il appelait toutefois ses pattes de mouche, tant elles s'offraient grêles et serrées ; mais elles étaient l'expression d'une langue divine portée jusqu'au plus haut sommet de l'art.

De Grandmaison.

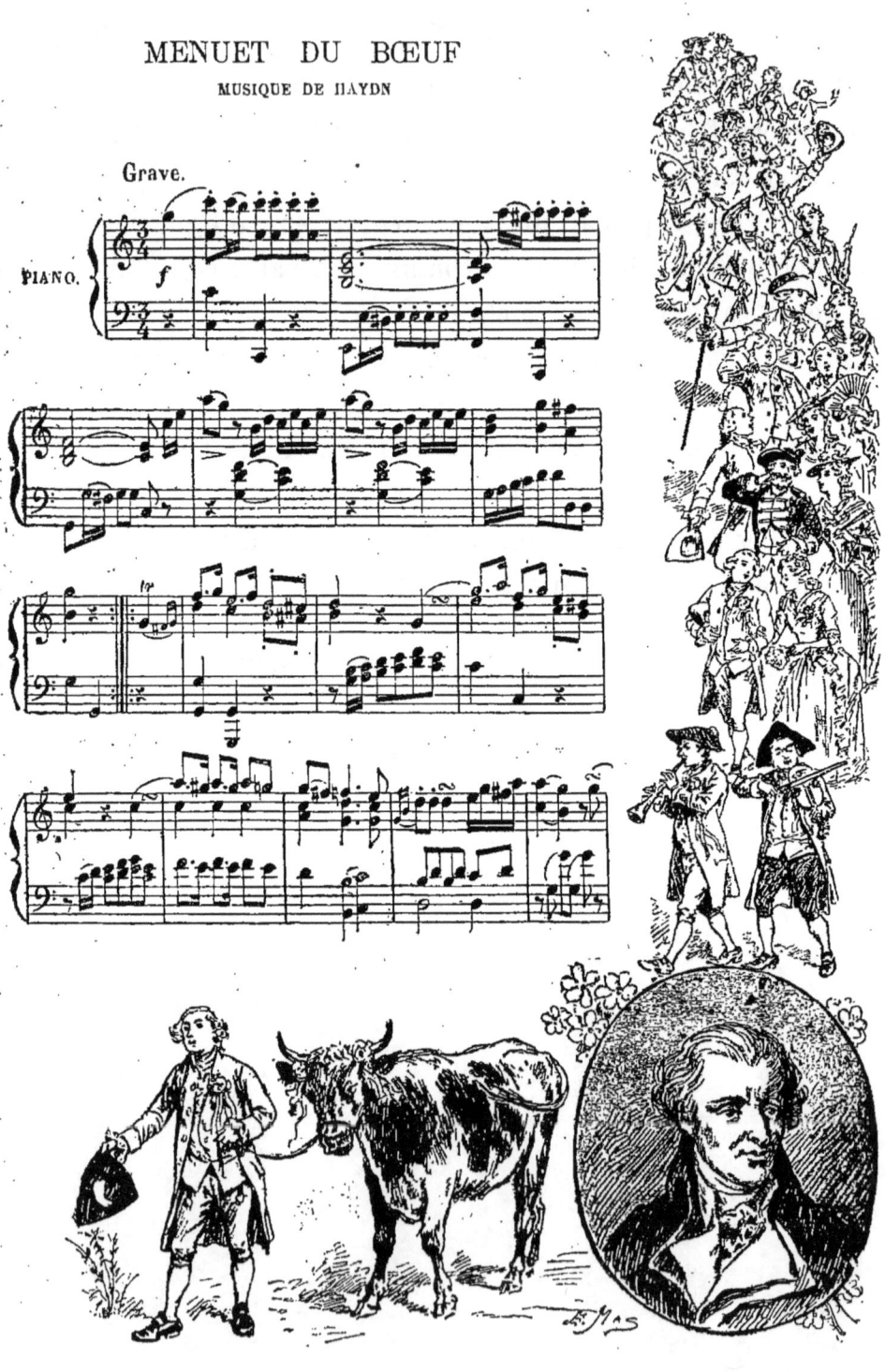

HAYDN

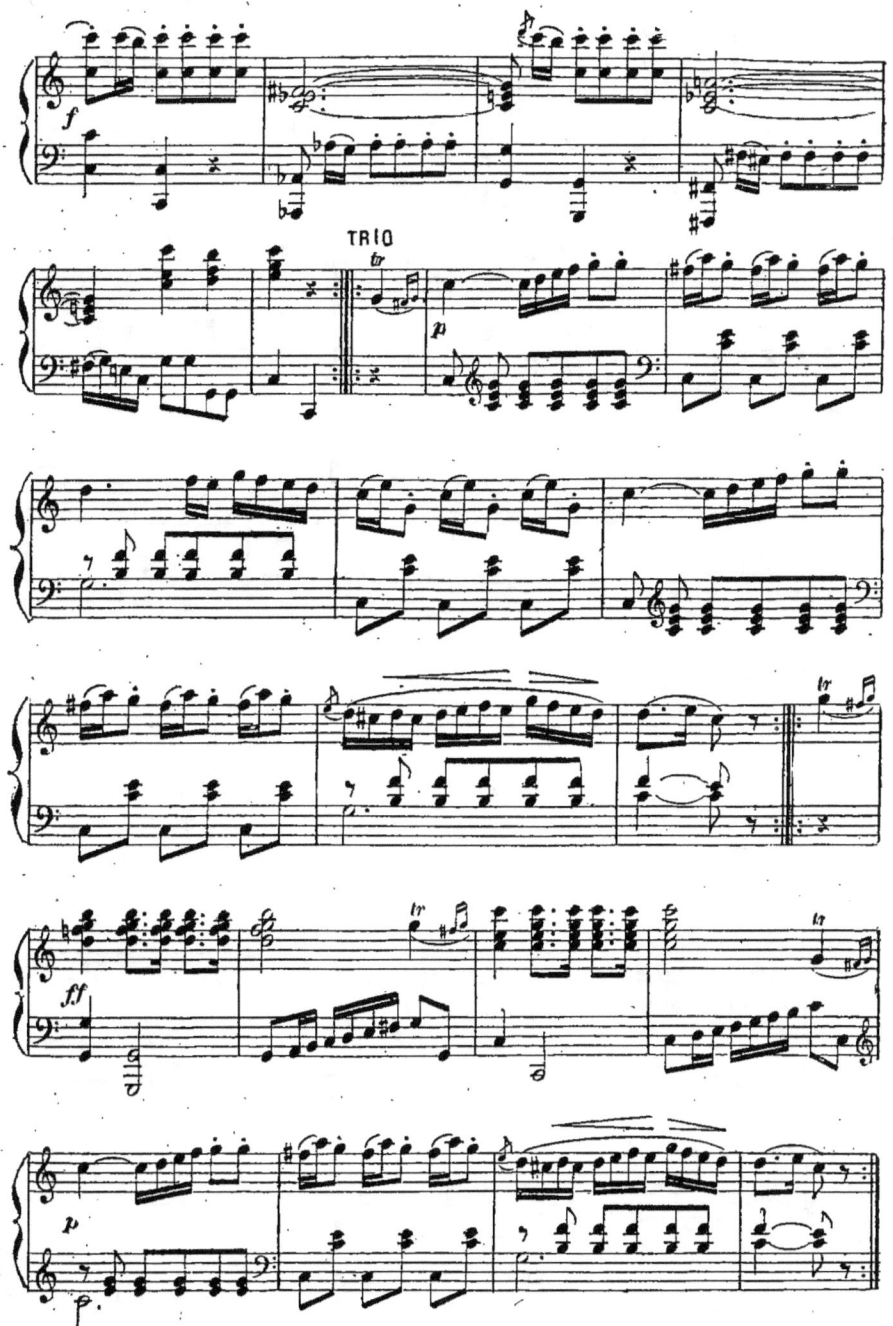

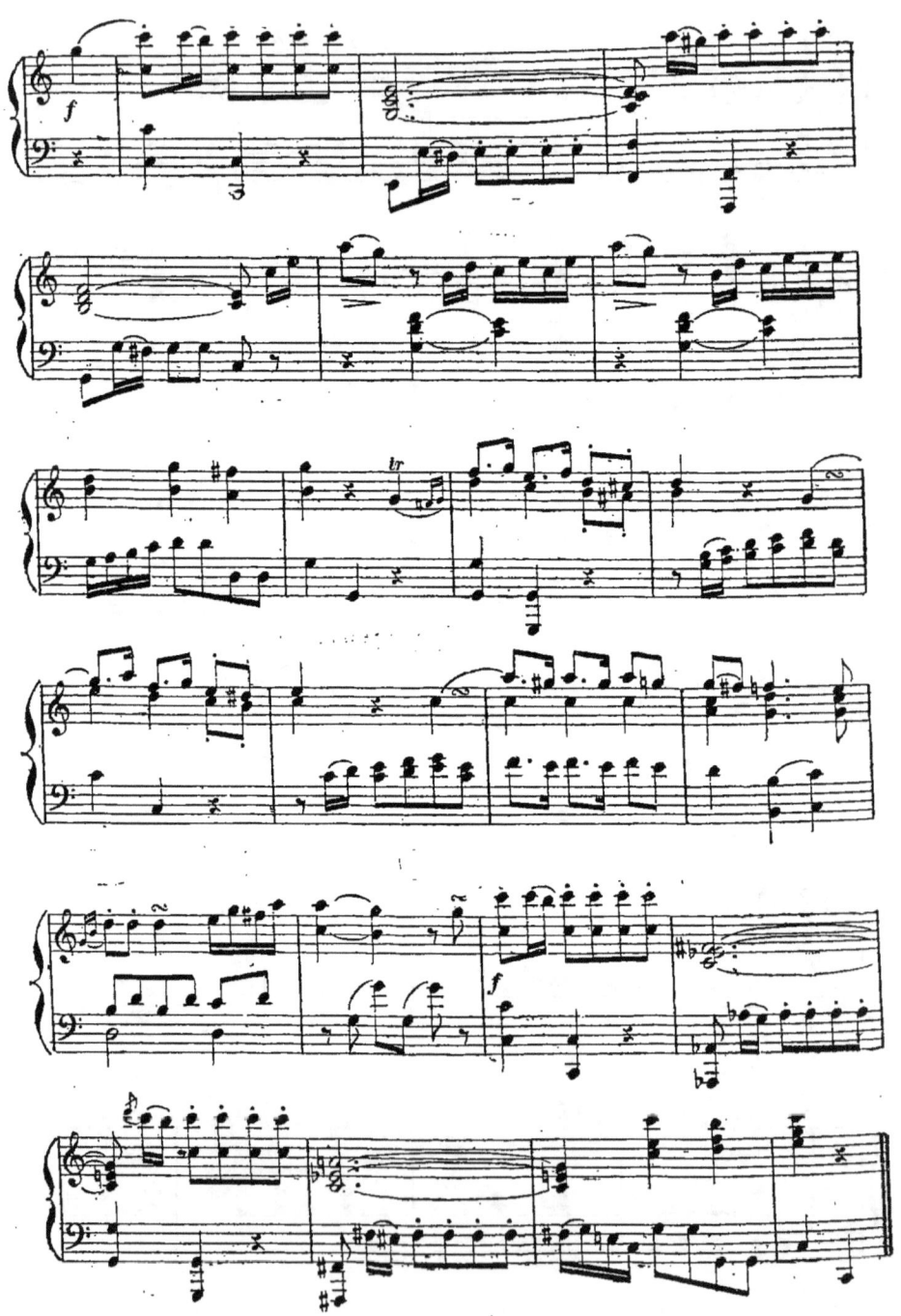

LES SEPT PAROLES DU CHRIST

MUSIQUE DE HAYDN

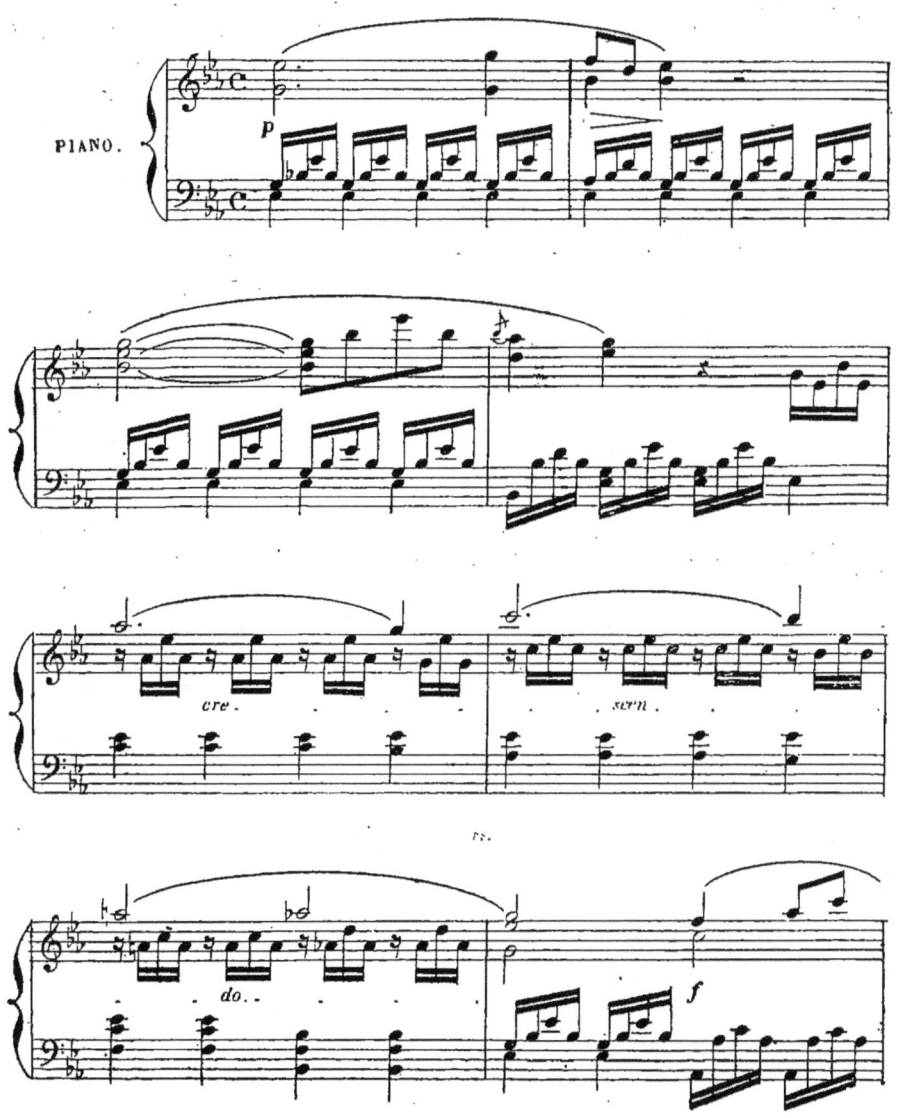

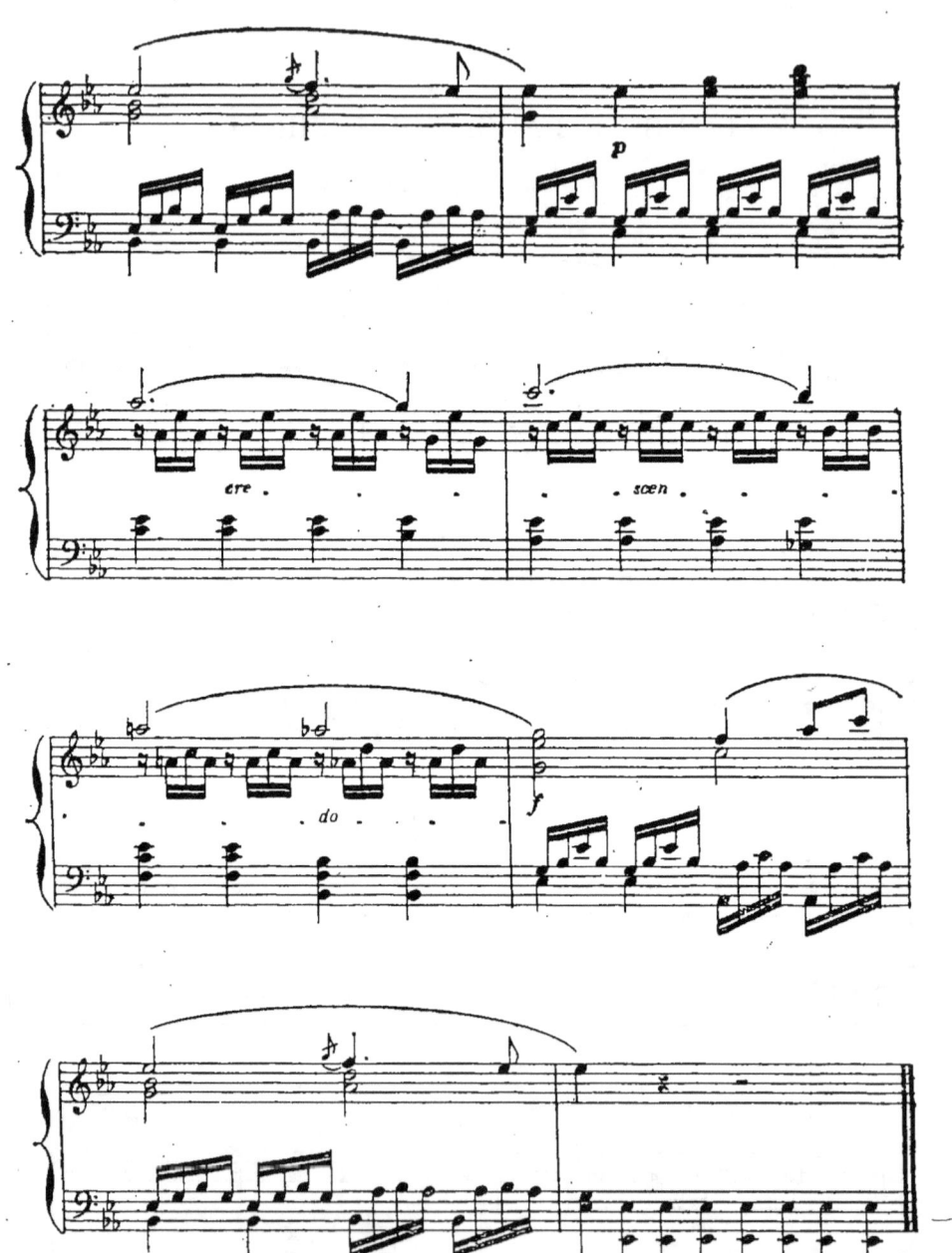

MOZART

(1756-1791)

MOZART

LES NOCES DE FIGARO. — DON JUAN
LA FLUTE ENCHANTÉE. — DAVID PÉNITENT ET LE REQUIEM

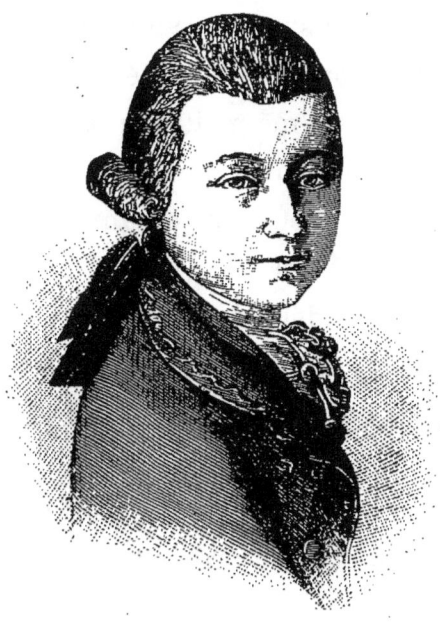

Mozart à l'âge de quatorze ans.

Le 1ᵉʳ décembre 1763, la plupart des grands journaux de Paris reproduisaient un avis du spirituel baron Grimm, ainsi conçu :

« Un maître de chapelle de Salzbourg, nommé Mozart vient d'arriver ici avec deux enfants de la plus jolie figure du monde. Sa fille, âgée de onze ans, touche le clavecin de la manière la plus brillante ; elle exécute les plus grandes pièces et les plus difficiles avec une précision à étonner. Son frère, qui aura sept ans au mois de février prochain, est un phénomène si extraordinaire, qu'on a de la peine à croire ce qu'on voit de ses yeux et ce qu'on entend de ses oreilles. C'est peu pour cet enfant d'exécuter avec la plus grande précision les morceaux les plus difficiles, avec des mains qui peuvent à peine atteindre la sixte ; ce qui est incroyable, c'est de le voir jouer de tête, pendant une heure de suite, et là s'abandonner à l'inspiration de son génie et à une foule d'idées ravissantes qu'il sait encore faire succéder les unes aux autres avec goût et sans confusion. Il a un si grand usage du clavier, qu'on le lui dérobe par une serviette qu'on étend dessus, et il joue sur la serviette avec la même vitesse et la même précision... Je lui ai écrit de ma main un menuet, et je l'ai prié de me mettre la basse dessous ; l'enfant a pris la plume, et, sans approcher du clavecin, il a mis la basse à mon menuet... Cet enfant me fera tourner la tête si je l'entends encore souvent ; il me fait concevoir qu'il est difficile de se défendre d'une sorte de folie, lorsque l'on est témoin de semblables prodiges. »

C'était, en effet, l'apparition, dans notre capitale, du génie le plus étonnant qui ait jamais existé, car, à quelque époque que ce soit, il n'est pas d'exemple d'une intuition musicale aussi complète, se manifestant avec plus de précocité et de durée.

Avant de le faire venir à Paris, son père, le digne Léopold Mozart, l'avait emmené à Munich où le jeune virtuose excita le plus profond étonnement, puis à Vienne, où il reçut une véritable ovation ; l'empereur lui-même voulut l'entendre et lui proposa ce tour de force du clavier couvert, dont il se tira comme de la chose la plus aisée ; mais il se dit alors à lui-même que l'idée de ce genre d'exercice ne pouvait pas appartenir à un véritable connaisseur en musique, et c'était surtout devant ceux-là que Mozart aimait à se faire entendre. Il pria donc l'empereur de vouloir bien mander son maître de chapelle.

On accéda à son désir.

« — *Monsieur*, lui dit alors le jeune Mozart, *je joue un de vos concertos : ayez la bonté de me tourner les feuilles.* »

Cette assurance fut, dit-on, un des traits du caractère de Mozart en toutes les circonstances de sa vie d'artiste.

C'est à Vienne encore qu'eut lieu cette anecdote si connue où, la famille Mozart ayant été présentée à l'impératrice Marie-Thérèse, celle-ci voulut prendre le jeune prodige sur ses genoux. L'enfant, que rien n'intimidait se laissa faire. Mais, peu d'instants après, il glissa et tomba sur le parquet trop ciré.

Marie-Thérèse était alors entourée des archiduchesses ses filles. L'une d'elles, Marie-Antoinette, qui devait être plus tard l'infortunée reine de France, se précipita pour le relever et le caressa pour le remettre de sa chute.

— Je vous remercie, dit l'enfant ; et se retournant vers elle : Je veux me marier avec vous.

— Vraiment ! fit Marie-Thérèse, qui l'avait entendu. Et pourquoi plutôt avec celle-ci qu'avec une de mes autres filles ?

— Par reconnaissance, répondit-il ; elle a été bien bonne pour moi, tandis que les autres me regardaient sans bouger et sans s'inquiéter de mon mal.

Cette sensibilité affectueuse, Mozart la possédait jusqu'au fond de son âme; elle faisait partie de son être même et le portait à rechercher la sympathie de tous ceux qu'il approchait.

— M'aimez-vous bien? demandait-il parfois, avec une touchante naïveté, aux amis de sa famille.

Si on tardait à lui répondre, aussitôt ses yeux s'emplissaient de larmes : sa nature essentiellement tendre ne pouvait se passer de tendresse. Il en donnait une large part aux siens, à son père surtout, à qui il avait voué de tout temps un profond amour doublé d'un inaltérable respect.

— Après Dieu, disait-il, bien jeune encore, c'est tout de suite papa.

Et jamais alors il ne se serait mis au lit sans avoir chanté une sorte de cantique de sa composition, que son père chantait avec lui.

« Puis, dit un de ses biographes, après avoir embrassé sa famille, l'enfant s'endormait, paisible et souriant, doucement bercé dans ses rêves par la voix des anges dont les concerts préludaient à sa destinée. »

Ces sentiments chaleureux d'un bon fils, Léopold Mozart les méritait à plus d'un titre : d'abord par l'amour paternel qu'il témoignait à cette « merveille de Dieu et de la nature », comme il le disait lui-même, et aussi par les sacrifices qu'il fit toujours, sans calculer, pour assurer sa gloire.

Quelques esprits mal intentionnés ont voulu voir un intérêt personnel dans la conduite du père exhibant son prodige pour en tirer profit, c'est une erreur ; aucun sentiment mercantile n'était entré dans l'âme de cet homme artiste lui-même, c'est-à-dire aimant l'art pour l'art, et qui aurait cru manquer à ce dernier s'il n'avait pas donné à connaître « le phénomène musical qu'il avait plu au ciel de faire naître dans sa famille ».

D'ailleurs, il n'avait pas pu être longtemps sans s'apercevoir que ces nombreux voyages ne les enrichissait pas. Ils y recueillaient plus d'hommages et de cadeaux que d'espèces sonnantes. Aussi le brave père écrivait-il, après une grande tournée dans laquelle ils avaient été fêtés tour à tour à Munich, Augsbourg, Manheim, Mayence, Francfort, Coblentz, Cologne et Aix-la-Chapelle :

« Nous avons de quoi monter une vraie boutique d'épées, de dentelles, de mantilles, de tabatières, d'étuis ; nous avons laissé une grande boîte à Salzbourg, renfermant tous nos joyaux et nos trésors. Mais quant à l'argent, il est rare, et je suis positivement pauvre. »

Et, après son voyage à Paris, il ajoute encore :

« Versailles ne nous a rapporté que douze louis argent comptant. »

En revanche, il cite une foule de cadeaux faits par des personnages de distinction, et raconte avec une satisfaction évidente la réception qui lui fut faite par toute la famille royale et les personnes de la cour.

« On n'a pas coutume, dit-il, en France, de baiser les mains des membres de la famille royale, de leur parler ou de leur remettre des pétitions *au passage*, comme on dit ici ; car, lorsqu'ils vont de leurs appartements et des galeries à l'église, on se tient droit et sans bouger, et dans cette posture on a toute liberté de les regarder lorsqu'ils défilent tout près de vous. D'après cela, vous pouvez facilement vous figurer l'étonnement de tout le monde lorsqu'on voit les filles du roi s'arrêter dans les passages officiels, dès qu'elles aperçoivent mes enfants, s'en approcher, les caresser et s'en faire embrasser mille et mille fois. Il en est de même de Mme la Dauphine.

« Ce qui a paru le plus extraordinaire à messieurs les Français, c'est que, au *grand couvert* qui eut lieu dans la nuit du nouvel an, non seulement on nous fit place à tous près de la table royale, mais monseigneur *Wolfgangus* dut se tenir tout le temps près de la reine, lui parla constamment, lui baisa souvent les mains, et mangea à côté d'elle les mets qu'elle daignait lui faire servir.

« La reine parle aussi bien l'allemand que nous. Comme le roi n'en comprend pas un mot, la reine lui traduisait tout ce que nous disait notre héroïque Wolfgang. Je me tenais près de lui. De l'autre côté du roi où étaient assis M. le Dauphin et Mme Adélaïde, se tenaient ma femme et ma fille. »

Après ce séjour en France, toute la famille s'embarqua pour Londres, où le talent de ce virtuose de huit ans, jouant sur l'orgue, à première vue, des morceaux de Bach et de Haendel causa de nouvelles surprises. Le roi Georges III, témoin de cette merveille, en marqua sa satisfaction par un don généreux. Mais le séjour de l'Angleterre déplaisant

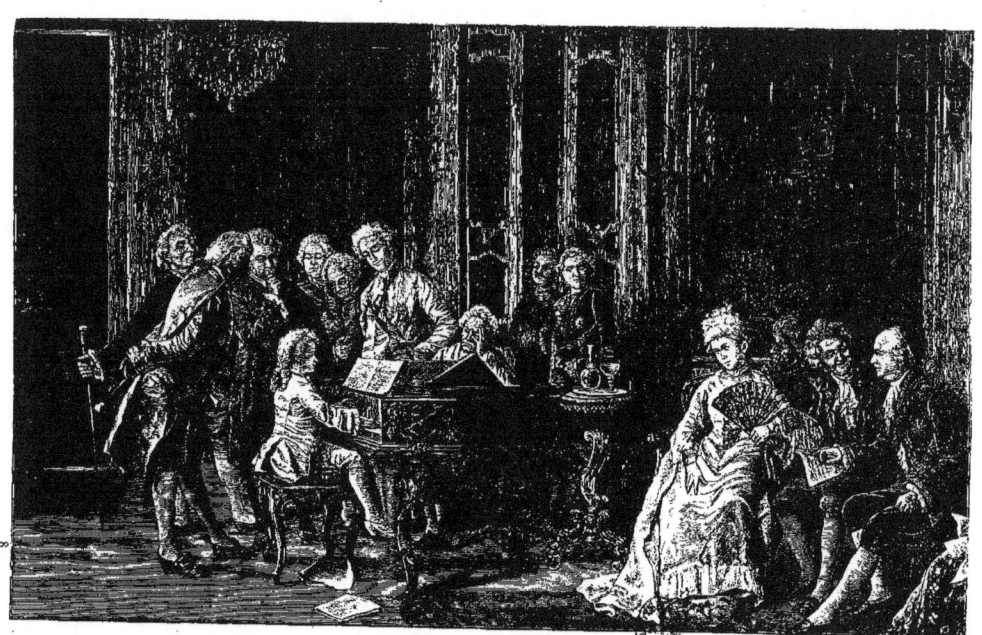
Mozart jouant devant Georges III.

à Léopold malgré certains avantages pécuniaires, le père et le fils revinrent à Salzbourg. Ce fut alors que le jeune prodige, en étudiant tour à tour les classiques allemands et les maîtres italiens se préparait au grand rôle qu'il devait jouer par la suite, c'est-à-dire devenir, comme on l'a dit, le suprême conciliateur entre le génie profondément harmonique de l'Allemagne et le génie plein de charme mélodique de l'Italie.

Cependant, l'enfant composait toujours. Il venait d'entrer dans sa douzième année quand l'empereur d'Autriche, Joseph II le chargeait d'un opéra dont plusieurs rivaux jaloux empêchèrent la représentation. Le vieux Hasse, celui que les Italiens appelaient le « divin Saxon » en jugeant les œuvres du jeune Wolfgang, s'écriait :

« *Cet enfant nous fera tous oublier !* »

Mais le rêve de Mozart, c'était d'aller à Rome. Après qu'il fut remis d'une dangereuse maladie, il s'appliqua à se familiariser avec la langue italienne ; et, dans les derniers jours de l'année 1769, il entreprit avec son père un voyage qui devait le venger largement des déboires de Vienne.

A Vérone, à Mantoue, à Milan et dans toutes les villes qu'il traverse avant d'arriver à la ville éternelle, il est accueilli par des transports d'admiration et d'enthousiasme ; et le savant P. Martini, directeur du Conservatoire de Bologne, ne peut dissimuler sa stupéfaction en entendant le jeune artiste donner la riposte à tous les sujets de fugue qu'il lui propose, et exécuter aussitôt la fugue elle-même

Enfin il arrive à Rome, et c'est alors qu'a lieu le petit fait si extraordinaire relatif au *Miserere* d'Allegri.

Les pieux Salzbourgeois avaient choisi, pour séjourner dans la capitale de la chrétienté, l'époque de la semaine sainte. C'est le moment où se joue dans la basilique de Saint-Pierre ce magnifique chant dont la papauté était si fière qu'elle avait défendu, sous des peines très sévères, d'en prendre copie, afin d'être sûre qu'on ne porterait aucune atteinte à l'originalité de son œuvre locale.

Le vendredi saint, admis dans la chapelle Sixtine, Mozart écoute les accords sublimes dans le plus profond recueillement; et, aussitôt qu'ils ont cessé, il se met à les transcrire de mémoire dans le fond de son chapeau. Rentré chez lui, il reproduit ce chant d'un bout à l'autre; et le lendemain il le jouait dans un concert, en s'accompagnant du clavecin.

A cette nouvelle l'enthousiasme dans Rome ne connut plus de bornes et le pape Clément XIV fut lui-même si ravi du tour de force qu'il se fit amener le jeune maëstro, le combla d'honneurs, et lui remit la croix et le brevet de chevalier de l'Eperon d'or.

Mozart avait alors quatorze ans.

Quelques jours plus tard, à Naples, l'admiration qu'il excita fut si grande qu'elle éveilla dans l'immense foule accourue pour l'entendre, une sorte d'inquiétude superstitieuse : on l'obligea à ôter d'un de ses doigts une bague que le public supposait être un talisman auquel il fallait attribuer son exécution merveilleuse. Il va sans dire que l'erreur constatée amena de nouveaux transports d'enthousiasme.

Ce qui surprend, c'est qu'au milieu de toutes ces démonstrations, Mozart soit toujours demeuré le même, exempt de pédantisme et d'orgueil. Disons plus, il était resté enfant. Aux heures où l'inspiration ne le visitait pas, il prenait volontiers part aux amusements de son âge ; et il écrivait à sa sœur :

« Mon unique récréation consiste dans les cabrioles que je me permets de temps à autre. »

Dans la plupart des épîtres à celle qui était, en même temps que sa sœur, son amie intime, il se retrouve, à côté de détails sérieux sur les travaux qu'il exécute, des plaisanteries charmantes, d'innocents enfantillages, qui sont le reflet de cette naïve et honnête nature qu'il devait conserver jusqu'à la fin de ses jours.

. . . .

Enfin, l'enfance prodigieuse se termine : il en restait, dès la seizième année, une véritable profusion de compositions écrites pour divers instruments. Tout cela s'était fait au milieu d'une existence cosmopolite, en allant de ville en ville et de concert en concert.

On était donc en droit de se demander ce qui allait advenir, et si l'âge viril pourrait répondre aux dons si éminents de cette extraordinaire jeunesse, ou si, le génie de l'artiste, semblable à une plante dont on a forcé la floraison et qui s'étiole ensuite faute de sève, si le génie, disons-nous, ne se trouverait pas stérilisé par le fait d'une production si féconde.

Eh bien, non ! Mozart, exceptionnel jusqu'au bout, devait faire succéder le grand homme à l'enfant prodige.

Après plusieurs années marquées par des œuvres diverses et pleines de valeur, Mozart qui s'était fixé à Vienne pour s'attacher définitivement à Joseph II, voulut se marier. Il épousa une jeune pianiste Constance Weber, et l'affection qu'elle sut lui inspirer donna un nouvel essor aux élans de son génie.

Constance n'avait pas de fortune ; mais elle comprenait, aimait et admirait la haute personnalité artistique de Mozart. Celui-ci écrivait à son père au sujet de ce mariage :

« Je vous remercie avec la plus vive tendresse qu'un fils ait jamais éprouvé pour son père, de votre bienveillant consentement et de votre paternelle bénédiction... Ma chère Constance se réjouit de partir pour Salzbourg et je parie que vous serez heureux de mon bonheur quand vous la connaîtrez, si d'ailleurs, à vos yeux comme aux miens, c'est un bonheur pour un homme d'avoir une femme sensée, vertueuse, honnête et agréable. »

Mais il fallait redoubler d'énergie pour faire face aux besoins du ménage ; car Mozart, de son côté, ne possédait de revenu fixe que huit cents florins qui lui étaient alloués comme compositeur de la cour impériale. Il se mit à donner des leçons, à composer des valses, des contredanses, l'été il voyageait, organisait des concerts, et composait des morceaux pour ces circonstances. Dévoré d'une prodigieuse activité d'esprit, il arrivait à surmonter toutes les difficultés grâce à sa confiance en lui-même et à son heureux caractère.

C'est à partir de cette époque un peu épineuse que l'artiste écrivit ses plus belles œuvres instrumentales. On cite entre autres six quatuors qu'il dédia à Haydn en les faisant précéder d'une lettre pleine d'admiration et de respect filial pour celui qu'on a si justement appelé le père de la symphonie.

De son côté, le savant maëstro professait pour Mozart une amitié réelle.

« *Sur mon honneur et devant Dieu,* répondit-il un jour à Léopold Mozart qui le priait de lui dire en toute sincérité ce qu'il pensait de Wolfgang, *je tiens votre fils pour le premier des compositeurs de nos jours.* »

Mozart était aussi lié avec Michel Haydn, le frère du grand musicien ; et cette amitié amena un jour l'aimable Wolfgang à faire, comme on l'a fort bien dit : « Une bonne œuvre qui fut un chef-d'œuvre. »

Michel Haydn était, ainsi qu'autrefois Mozart, attaché au service du prince archevêque de Salzbourg, homme d'un esprit étroit et peu endurant. Il s'était engagé à fournir au prélat, pour une époque déterminée, un oratorio. Le moment approchait et Michel tomba malade.

Que faire ? Il savait qu'il n'y avait aucune excuse à présenter à l'archevêque, et que faute de remplir exactement sa promesse, il était menacé de voir son traitement supprimé.

Sur ces entrefaites, Mozart vint à Salzbourg. Il y avait longtemps que le bon fils désirait conduire sa femme à son vieux père; mais l'argent manquait au ménage, et le projet se trouvait toujours retardé. Enfin, vers la fin de l'été de 1783, le voyage fut décidé. Mais au moment de partir, nouvel incident : Mozart montait en voiture lorsqu'il fut arrêté par un créancier exigeant qui réclamait impérieusement le paiement d'une dette de 30 florins (environ 60 francs) que le pauvre artiste lui devait. Ce qui prouve assez que la gêne n'était pas entièrement conjurée, malgré les labeurs incessants du maître.

On partit malgré tout pour ce voyage qui devait durer trois mois.

Pendant ce séjour, Mozart alla voir le pauvre Michel, qui lui conta sa peine et son embarras.

« *Ce n'est que cela*, dit Mozart, *ton prince aura son oratorio.* »

Et il composa sous le nom de Michel Haydn le *Davidde penitente*, morceau d'une éclatante beauté, dont certaines parties, entre autres un trio pour deux soprani et ténor, peuvent être mis au rang des œuvres de premier ordre de l'inimitable Mozart.

*
* *

En 1786, Mozart apparut sur la scène lyrique avec une œuvre d'un nouveau genre, qui allait faire époque dans sa vie aussi bien que dans l'histoire de l'art dramatique. C'étaient les *Noces de Figaro*.

Un Vénitien, Lorenzo da Ponte, lui avait fourni l'idée de cette composition, ainsi qu'il le raconte lui-même dans ses Mémoires.

Mais avant d'entreprendre le récit de cette partition et de celles qui vont suivre, il nous faut dire un mot de la situation qu'occupait alors Mozart à la cour de Vienne.

Joseph II, à qui plaisait par-dessus tout l'opéra bouffe, ne comprenait pas toujours le talent de Mozart, tout en l'estimant.

D'autre part Salieri, le maître de chapelle de l'empereur, sentait qu'il avait dans l'artiste un rival redoutable; il usait donc de toute son influence pour faire déprécier ce génie; et, grâce à lui, il s'était formé autour du jeune Salzbourgeois, une sorte de ligue italienne. Aussi, tandis que Prague, Munich, Stuttgard, Carlsruhe et la plupart des villes de l'Allemagne admiraient un dernier opéra de Mozart, « *l'Enlèvement du sérail* », Vienne l'accueillait-elle froidement et l'empereur disait-il au grand artiste :

— « C'est trop savant pour nos oreilles, je trouve qu'il y a trop de notes.

— *Précisément autant qu'il en faut, Sire*, répondit Mozart. »

La composition lui fut peu payée, et pendant un certain temps, bien qu'il lui fît servir régulièrement sa petite pension de 800 florins, l'empereur ne lui demandait presque rien.

L'âme fière de Mozart se révoltait de cette façon de le

traiter, et un jour il dit à l'intendant qui lui apportait ses honoraires :

« *Monsieur, c'est trop pour ce qu'on me demande et pas assez pour ce que je pourrais faire.* »

Malgré tout, Mozart tenait à ce prince qui l'encourageait si peu ; car, à cette époque, ayant visité Berlin, il reçut du roi de Prusse, Frédéric-Guillaume II, des offres si séduisantes que, sans un attachement réel pour Joseph II, il les eut acceptées sur l'heure.

Le roi lui proposait un traitement annuel de plus de 11,000 francs pour venir diriger sa chapelle.

— « *Mais il me faudrait abandonner mon empereur !* » s'écria Mozart.

Touché de cette marque de désintéressement, Frédéric reprit :

— Pensez-y, mes offres subsistent, vous pourrez y répondre quand il vous plaira, ne fut-ce que dans un an.

Les amis du grand compositeur le pressèrent d'accepter cette situation si peu comparable à la sienne, et de donner sa démission à Joseph II.

Celui-ci entrevit alors la tache qu'imprimait à sa mémoire le fait d'avoir laissé un artiste si renommé passer dans une cour étrangère, et il lui dit, de l'air le plus aimable :

— Eh quoi ! mon cher Mozart, vous voudriez me quitter ?

Cette parole qui lui parut si douce dans la bouche de son souverain excita l'attendrissement de l'artiste ; il répondit :

— *Majesté, je me recommande à votre bonté... je reste à votre service.*

Il semblera à tout le monde qu'une preuve de dévouement aussi désintéressé eût mérité sa récompense. Il n'en fut rien, aucune amélioration ne se présenta dans le sort de Mozart ; et il répondit lui-même avec une certaine humeur à un de ses amis qui lui faisait une allusion à ce sujet :

— *Eh ! qui songe à cela.*

C'était donc, on le voit, une affection véritable qui attachait le grand homme à son souverain. Le rapport du poète da Ponte, va nous édifier plus complètement sur la manière dont Joseph II savait y répondre.

« Wolfgang Mozart, dit-il, quoique doué par la nature d'un génie musical supérieur peut-être à tous les compositeurs passés, présents et futurs, n'avait pu encore faire éclater son génie à Vienne par suite de la cabale de ses ennemis : il y demeurait obscur et méconnu, semblable à une pierre précieuse qui, enfoncée dans les entrailles de la terre, y dérobe le secret de sa splendeur. Je ne puis jamais penser sans plaisir et sans orgueil que ma seule persévérance et mon énergie furent en grande partie la cause à laquelle l'Europe et le monde durent la révélation complète des merveilles de cet incomparable génie.

« M'étant rendu chez Mozart, je lui demandai s'il lui conviendrait de mettre en musique un opéra composé tout exprès pour lui.

— « Ce serait avec beaucoup de plaisir, me répondit-il, mais je doute d'en obtenir la permission.

« — Je me charge de lever toutes les difficultés.

« — Eh bien, agissez... »

Causant un jour avec lui, il me demanda si je pourrais mettre en opéra la comédie de Beaumarchais intitulée : *Les Noces de Figaro*. La proposition fut de mon goût. Je me mis à l'ouvrage, et le succès fut soudain et universel... Au fur et à mesure que j'écrivais les paroles, Mozart composait la musique ; en six semaines tout était terminé. La bonne étoile de Mozart voulut qu'une circonstance opportune se présentât et me permit de porter mon manuscrit à l'empereur.

« — Eh quoi ! me dit-il, vous savez que Mozart, remarquable pour la musique instrumentale n'a jamais écrit pour le chant, sauf une seule fois, et cette exception ne vaut pas grand'chose !

« — Moi-même, répliquai-je timidement, sans la bonté de l'empereur je n'eusse jamais écrit qu'un drame à Vienne.

« — C'est vrai ; mais cette pièce de *Figaro*, je l'ai interdite à la troupe allemande.

« — Je le sais ; mais ayant transformé cette comédie en opéra, j'en ai retranché des scènes entières, et j'en ai abrégé d'autres, ayant soin de faire disparaître tout ce qui pouvait choquer les convenances et le bon goût ; en un mot j'en ai fait une œuvre digne d'un théâtre que Sa Majesté honore de sa protection. Quant à la musique, autant que je puis en juger, elle me semble un chef-d'œuvre.

« — Bien ; je me fie à votre goût et à votre prudence ! remettez la partition aux copistes. »

Rien de ce qu'on avait entendu jusqu'alors ne pouvait donner l'idée de cette partition prodigieuse qui, de l'avis de tous les amateurs de beau, renferme plus d'idées

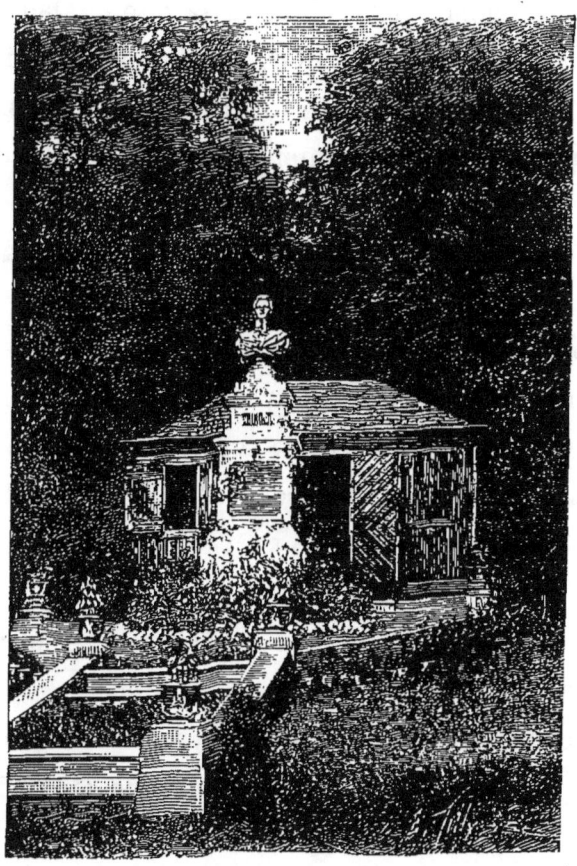

Maison où fut composée la *Flûte enchantée*.

nouvelles, et de véritables richesses musicales que ce qu'avaient produit l'Allemagne et l'Italie depuis un demi-siècle.

L'abondance des airs, des duos, des morceaux d'ensemble de caractères différents, la grandeur et le développement de ces morceaux, le charme et la nouveauté des mélodies, le goût des modulations et la variété des accompagnements, tout concourait à en faire une œuvre colossale, d'un ensemble parfait.

Une nouvelle cabale formidable à la tête de laquelle se plaçait encore Salieri, faillit interrompre les répétitions de l'ouvrage. Mais il s'imposait de lui-même d'une façon trop magistrale pour ne pas désarmer les menées de la jalousie la plus invétérée.

L'empereur ordonna la représentation. Elle amena la confusion de Salieri et de tous ses acolytes.

Tout d'abord, le public semblait défiant, on l'avait tant prévenu, on avait déployé autour de lui tant d'intrigue et d'esprit de dénigrement qu'il semblait attendre pour se prononcer que les connaisseurs lui en eussent donné l'élan.

Mais de ce côté, le succès fut complet, aussi dès la deuxième représentation, tous les assistants étaient-ils conquis ; et Léopold Mozart écrivait-il à sa fille :

« A la seconde représentation des *Nozze di Figaro*, on a répété cinq morceaux : on en a redemandé sept à la troisième, un petit duo a été chanté trois fois. »

Après Vienne ce fut Prague qui monta l'opéra, sous la direction d'un nommé Bondini, chef d'une troupe de chanteurs italiens, qui exploitait tour à tour les théâtres de Leipzig, de Varsovie et de Prague.

Dans cette dernière ville l'œuvre de Mozart obtint de prime abord un succès d'enthousiasme indescriptible. Le grand génie fut invité à aller en personne jouir de son triomphe. Lorsqu'il entra dans la salle de spectacle, ce furent des cris, des acclamations qui l'accueillirent; et, chaque fois qu'il assista à une représentation il y fut salué par les mêmes transports, les mêmes démonstrations bruyantes de sympathies.

Et ce n'était pas un simple éclat passager; car l'opéra fut joué pendant tout l'hiver sans interruption; et il rétablit la fortune de Bondini, le public ne se fatiguant pas d'entendre cette admirable partition. On la réduisit pour clavecin, on en fit des extraits pour la musique de chambre et pour les instruments à vent, on en fit aussi des airs de contredanses, on la métamorphosa en un mot sous toutes les formes sans arriver à en lasser les auditeurs.

Une faveur aussi complète était sans exemple.

« Les chants de *Figaro*, dit un témoin du temps, retentissaient dans les rues, aux promenades, et l'aveugle du faubourg était obligé d'en apprendre des airs s'il voulait réunir un auditoire près de son violon ou de sa harpe. »

*
* *

L'intelligence et le goût que la population de la Bohême avait manifestés pour la grande musique avait ému Mozart; et, dès ce jour, son âme reconnaissante conçut le dessein de composer un nouvel opéra dont il offrirait la primeur à Prague, en témoignage de sa profonde gratitude. Il promit donc à Bondini de revenir l'hiver suivant et d'écrire une partition pour sa troupe.

Le premier soin de Mozart en rentrant à Vienne, fut de parler de son engagement au poète vénitien dont la collaboration avait été pour lui si heureuse une première fois. Lorenzo da Ponte avait déjà jeté sur le papier le plan d'un libretto ayant pour titre *Don Juan*, et dont le sujet était tiré moitié dans Molière et moitié dans l'original espagnol de Tirso de Molina. Il le montra à Mozart qui l'accepta.

L'auteur dramatique se mit à l'œuvre et, à mesure qu'il terminait une scène, il la soumettait au compositeur pour en recevoir ses avis.

Ainsi écrit, *Don Juan* devait être « ce que l'expression dramatique a produit de plus achevé ».

Toutefois une pénible épreuve allait interrompre ce grand travail. Au moment d'en commencer la musique, Mozart eut la douleur de perdre son père bien-aimé, celui qui avait été non seulement le maître intelligent de son génie enfant, mais encore le confident, le guide, l'ami de toutes les heures, dont la sollicitude, après avoir donné l'éveil au talent, en suivait le développement avec une tendresse ardente, qui ne s'était jamais démentie.

Ainsi frappé dans ses plus chères affections, Mozart eut un moment d'affaissement, lui-même avait déjà ressenti les symptômes d'une maladie de poitrine compliquée d'une affection nerveuse qui lui donnait des accès de mélancolie.

Pourtant il écrivit :

« Comme la mort, à la bien considérer, est le vrai but de notre vie, je me suis depuis quelques années tellement familiarisé avec ce véritable ami de l'homme, que son image, loin d'être effrayante pour moi, n'a rien que de doux et de consolant! Je remercie Dieu de m'avoir accordé la grâce de reconnaître la mort comme la clef de notre véritable béatitude. Je ne me mets jamais au lit sans penser que, tout jeune que je suis, je puis ne pas me relever le lendemain. »

La mort de son père éveilla plus vi-

Les feuilles, à peine séchées, étaient placées sur les pupitres de l'orchestre... (p. 131).

vement chez l'artiste le pressentiment d'une fin prématurée, une douce tristesse envahissait son âme, et son regard un peu voilé semblait traduire le regret de quitter la vie avant d'avoir donné au monde musical tout ce qu'il se sentait encore d'inspiration, avant d'avoir achevé pour ainsi dire le monument de sa gloire.

Dans ces dispositions d'esprit, Mozart partit pour Prague, accompagné de sa femme, et emportant le libretto de l'opéra dont il n'avait encore esquissé que quelques morceaux. Il se rendait chez son ami Dussek, qui lui offrait une gracieuse hospitalité dans sa maison.

C'est là que Mozart, au milieu des heures paisibles de la nuit, composa, en un mois, ce drame terrible où tous les sentiments humains ont trouvé place, donnant naissance à une variété incessante d'images riantes succédant aux tableaux les plus sombres, et apportant dans leur expression une finesse ou une puissance qui sont toujours rendues en un langage d'une incomparable harmonie.

De cette œuvre admirable de *Don Juan*, on a dit :

« Il est l'opéra des opéras anciens, comme *Guillaume Tell* est l'opéra des opéras modernes. »

Et ailleurs :

« Il n'y a qu'un seul beau morceau dans l'ouvrage ; c'est l'opéra tout entier. »

Les répétitions étaient commencées ; Prague tenait à faire représenter, sans retard, ce chef-d'œuvre qui lui était dédié, mais qui ne possédait pas encore d'ouverture.

L'époque de la représentation fut fixée, et Mozart ne semblait plus du tout songer à cette préface, qui devait être pourtant un chef-d'œuvre en tête d'un autre chef-d'œuvre. On la lui réclama.

« *Elle est dans mon imagination*, dit-il, *demain elle sera sur le papier, vous pouvez prévenir les copistes.* »

Or, ce demain était le jour choisi pour l'exécution de l'œuvre.

Cependant, le soir était venu, et Mozart avait assisté à une petite réunion d'amis où il s'était montré assez gai et aussi peu soucieux que possible de la promesse faite dans la même journée.

Vers deux heures du matin, l'artiste se mit au travail. Il s'était fait préparer par sa femme un grand verre de punch dont il buvait de temps à autre, tout en écoutant les récits de vieilles légendes que cette compagne dévouée lui fit, pour lui être agréable, jusqu'à quatre heures du matin.

Peu après, l'œuvre fut remise aux copistes et, à sept heures du soir, quelques instants avant le lever du rideau, les feuilles, à peine séchées, étaient placées sur les pupitres de l'orchestre.

On n'avait pas eu le temps de répéter le morceau, et pourtant les habiles musiciens, dirigés par un chef plus habile encore, l'exécutèrent avec tant de chaleur et de clarté que l'auditoire eut peine à contenir jusqu'au bout un enthousiasme qui débordait.

Cette facilité de conception dont Mozart a fait preuve pour cette ouverture de *Don Juan* lui était habituelle, elle découle pour ainsi dire de sa manière de travailler. Il la faisait connaître lui-même dans une lettre que la postérité a conservée.

« Vous me demandez, dit-il, quelle est ma manière de composer, et comment je m'y prends pour faire des ouvrages de longue haleine. Voici à cet égard tout ce que j'ai pu observer.

« Lorsque je me trouve livré tout à fait à moi-même ; que je suis seul, et que j'ai l'âme calme et satisfaite ; que, par exemple, je suis en voyage dans une bonne voiture, ou que je me promène à pied après un bon repas, ou que, la nuit, je suis couché sans avoir sommeil, c'est alors que les idées me viennent et qu'elles s'offrent en foule à mon esprit. Dire d'où elles viennent et comment elles arrivent, cela me serait impossible ; ce qui est certain c'est que je ne puis pas les faire venir quand je veux. Celles de ces idées qui me sourient, je les retiens et les fredonne ensuite de temps à autre.

« Après qu'elles sont arrêtées dans mon esprit, j'examine l'emploi qu'il en faut faire, comment j'arrangerai tel ou tel motif, comment j'en ferai, si vous me permettez cette expression, un bon mets. Je considère en même temps la manière dont je plierai chacune de mes idées aux règles du contrepoint et aux moyens des divers instruments ; mon imagination s'exalte alors, et si, dans ce moment, rien ne me distrait, la matière que je traite se développe, se classe et s'arrête dans mon esprit. Le tout, quelle qu'en soit l'étendue, se place devant mon imagination comme une chose complète et achevée ; et je l'embrasse d'un seul coup d'œil et d'un regard satisfait, comme on considère un tableau ou une belle statue. En contemplant cette production idéale j'éprouve une jouissance que je ne puis décrire, et qui ne peut être surpassée que par celle que je ressens lorsque ensuite, par l'exécution, cette même production s'est réalisée.

« Ce qui est ainsi créé dans mon imagination, ce concours d'images vives et agréables qui s'y est produit comme un rêve, y demeure fixé pour toujours. Je jouis en cela d'un autre bienfait que le ciel m'a départi, bienfait qui est non moins précieux que le premier. En effet, lorsque je m'occupe ensuite de transporter mes idées sur le papier, je tire de ma mémoire, comme d'un sac, si cette comparaison m'est permise, tout ce qui s'y trouve accumulé. Cette opération est facile, car tout le travail intellectuel étant, comme je l'ai dit, achevé, elle n'est guère que manuelle, et il est en conséquence très rare que mon travail soit autre sur le papier qu'il n'était dans ma tête. Peu m'importe d'être dérangé dans cette occupation ; quelque bruit que l'on fasse autour de moi, j'écris toujours, et je puis même parler, pourvu cependant que la conversation ne roule que sur des choses banales, par exemple sur la pluie et le beau temps. »

Le succès de l'opéra de *Don Juan* fut en rapport avec celui de son ouverture : il fut porté aux nues par les habitants de Prague qui le déclarèrent « le plus beau, le plus parfait de tous les ouvrages représentés jusqu'à ce jour ».

Peu après il fut mis en scène à Vienne ; mais avec un sort bien différent.

« Mal monté, mal répété, mal joué, mal chanté, et plus mal compris », dit un contemporain, il fut complètement éclipsé par un opéra de Salieri dont les mérites étaient loin pourtant d'égaler ceux de la grande œuvre de Mozart qui, selon les connaisseurs les plus éminents, atteint le dernier degré de l'invention et du sublime.

⁂

Cependant, le mal qui consumait Mozart semblait prendre chaque jour un caractère plus alarmant. De plus en plus l'idée d'une fin prochaine hantait son esprit et le faisait redoubler d'ardeur au travail, il composait, composait sans cesse, avec une rapidité telle qu'elle ressemblait à une constante improvisation, bien que le style conservât toujours sa même perfection et l'invention sa même richesse. Il ne s'arrêtait un instant que lorsque, brûlé par la fièvre ou épuisé par un excès d'inspirations, il était obligé de se jeter sur un lit de repos. On eût dit que l'immortel génie s'était imposé une tâche qu'il craignait de ne pouvoir terminer avant l'heure fatale.

Il était dans cette disposition attristée et fébrile lorsqu'il reçut la visite d'un certain Schikaneder qui était à la fois directeur et acteur d'un théâtre de Vienne. Les affaires de cet homme étaient en fort mauvais état et il venait exposer sa détresse à Mozart en le suppliant de l'aider.

L'illustre maître, dont la gloire n'avait pas fait la fortune, était lui-même alors dans de grands embarras d'argent, par suite de plusieurs maladies de sa femme et de l'entretien de ses six enfants. Cependant son cœur compatissant l'empêcha de repousser le solliciteur ; il lui demanda avec aménité :

— Que puis-je faire pour vous ?

— Me sauver, répondit l'homme en écrivant pour mon théâtre un opéra dans le goût du public de Vienne. Vous pourrez faire la part de votre gloire et celle des connaisseurs ; mais l'essentiel est de plaire au public de toutes les classes. Je vous fournirai le livret et je ferai la dépense de la mise en scène.

— J'y consens, dit Mozart.

— Que me demandez-vous pour vos honoraires ?

— Vous m'avez dit que vous ne possédiez rien. Ecoutez, je veux vous sauver, vous me donnerez le prix que vous pourrez.

Et Mozart, oubliant alors ses propres tracas pour ceux du malheureux qui lui confiait son sort se mit à écrire ce chef-d'œuvre de grâce et de délicatesse que l'on connaît en France sous le nom de la *Flûte enchantée* ou plus exactement *Flûte magique*.

Cet ouvrage était d'un genre entièrement différent de tout ce qu'avait produit jusqu'ici le génie de l'artiste. Il y brille un éclat et une fraîcheur qu'on n'aurait jamais supposé pouvoir rencontrer chez un mourant.

Mozart y avait travaillé sans relâche, le jour et la nuit, dans les intervalles de défaillance qui duraient parfois plusieurs minutes. Sa femme et ses amis avaient beau le supplier de s'arrêter, ils ne purent rien obtenir.

A l'automne de 1791, Schikaneder put faire jouer la pièce vraiment magique, la plus riche, dit-on, qui soit sortie de la plume du maître et celle dont l'orchestration paraît être le dernier mot de la perfection instrumentale.

Cette fois, la population viennoise fit à Mozart un succès inconnu pour lui, jusqu'ici, dans son sein. Il fut donné de la *Flûte enchantée* cent vingt représentations de suite sans arriver à tarir l'enthousiasme qu'elle excitait. Mozart assista aux dix premières ; puis, trop souffrant ensuite pour pouvoir se rendre au théâtre, il mettait, dit-on, sa montre sur la table et, le regard tristement attaché sur le cadran, il suivait par la pensée, d'après l'heure, les morceaux qu'on devait être en train d'exécuter. Souvent alors un soupir de regret soulevait sa poitrine et le faisait retomber ensuite dans un profond accablement.

Pendant que Mozart travaillait avec tant d'ardeur à sa *Flûte enchantée*, une voiture s'arrêta un soir à la porte de sa maison. Un personnage inconnu de tous en descendit demandant à parler au maître.

— Monsieur, dit-il au compositeur une personne de distinction m'envoie vers vous...

— Quel est son nom ? demanda Mozart.

— Elle désire garder l'anonyme.

— Et que veut-elle de moi ?

— Ayant perdu un de ses plus chers amis, elle voudrait rendre hommage à sa mémoire en faisant célébrer un service annuel hors ligne et sollicite de vous la composition d'un *Requiem*.

— C'est en rapport avec mes idées, répondit Mozart. J'y consens.

— Dans combien de temps croyez-vous pouvoir livrer ce travail ? reprit l'inconnu.

— Dans un mois.

— Et quels seront vos honoraires ?

— Cent ducas !

— Les voici.

Et il ajouta :

— Il y aura une autre rétribution quand le travail sera achevé ; mais vous êtes prié de ne pas chercher à savoir le nom de la personne qui vous le commande.

Aussitôt le départ de l'étranger, Mozart se mit à l'œuvre, malgré les sollicitations de sa femme, qui sentait bien qu'un tel travail arrivant par surcroît, allait achever d'épuiser ses forces et d'assombrir encore son imagination.

Une circonstance vint faire diversion à ce triste objet de préoccupation.

L'administration du théâtre de Prague voulait avoir un opéra nouveau pour les fêtes du couronnement de l'empereur Léopold II comme roi de Bohême. Elle eut recours à Mozart pour cette composition, en lui annonçant que les États-Généraux de la Bohême avaient choisi pour sujet une pièce de Métastase : *La Clémence de Titus*.

Flatté de cette préférence, Mozart accepta ; et, comme les délais fixés étaient très courts, il laissa le *Requiem* pour l'opéra, qu'il arriva à composer en dix-huit jours.

Ce travail excessif et l'exaltation qu'il en avait ressenti l'avait mis à bout de forces. Cependant les distractions de son voyage à Prague, en changeant le cours de ses idées, ranimèrent un peu son courage et sa santé.

A son retour à Vienne, il songea à son *Requiem*, après avoir toutefois terminé sa partition de la *Flûte enchantée*, à laquelle il restait encore à faire l'ouverture et la marche des prêtres, au second acte, ce qui fut l'affaire de deux jours.

A peine Mozart reprenait-il l'œuvre funèbre qu'il vit reparaître le mystérieux personnage.

— Il m'a été impossible, lui dit l'illustre maître, de vous donner satisfaction au temps convenu, et impossible aussi de vous en prévenir, ignorant votre adresse.

— Je le sais, répliqua l'inconnu ; mais combien de temps vous faut-il encore ?

— Un mois.

— Eh bien, voici cent autres ducats. Adieu, dans un mois !

L'étranger disparut. On sut plus tard que ce singulier personnage, qui affectait de se rendre si mystérieux, n'était autre que le valet de chambre du comte Walseeg, lequel avait perdu sa femme et qui, ne trouvant pas d'assez beau chant pour honorer sa mémoire, avait résolu de s'adresser à Mozart.

C'était chose répandue à cette époque que l'usage des hymnes funèbres spéciaux à tels ou tels, et cette commande n'avait rien que de très naturel. Mais l'auteur de *Don Juan*, toujours frappé de l'idée de la mort et, de plus, imbu des superstitions qu'avaient répandu les inventions du magnétisme sur la plupart des esprits de la fin du xviiie siècle, Mozart, disons-nous, crut voir, dans la visite de cet étranger, l'envoi d'un messager de la destinée ; et il dit à sa femme :

« Je n'ai plus que peu de jours à vivre, je ne le sens que trop ; c'est à mon hymne funèbre que je travaille. »

Ces paroles brisaient le cœur de la pauvre Constance, qui faisait de vains efforts pour le distraire de cette sombre pensée.

Enfin, voyant les forces décroître, elle fit chercher le médecin. Il fut d'avis d'enlever au malade cette partition funeste. Un mieux presque immédiat se produisit ; l'artiste put même, quelques jours après composer encore, pour un cercle d'amis, une cantate sous le titre de *la Louange de l'amitié*.

Les applaudissements qu'il en recueillit le ranimèrent de

nouveau. Il supplia alors sa femme de lui rendre son *Requiem* pour l'achever. Elle y consentit, le croyant hors de danger.

Mais bientôt l'abattement recommença et il fut forcé de prendre le lit pour ne plus, hélas ! se relever.

A peine le génie expirant était-il étendu sur cette couche mortuaire qu'on lui apportait sa nomination de maître de chapelle à la cathédrale de Saint-Etienne. En même temps lui arrivaient des propositions avantageuses de la part de différents grands théâtres dont l'attention avait été tout particulièrement éveillée par le succès, aussi éclatant qu'universel de la *Flûte enchantée*.

A la vue de ses tardives prospérités dont il ne devait pas jouir, Mozart s'écria :

« Eh quoi ! c'est à présent qu'il faut mourir ! Mourir, lorsque enfin je pourrais vivre heureux ! Quitter mon art, lorsque, délivré des spéculateurs sur mon travail et soustrait à l'esclavage de la mode, il me serait loisible de travailler selon les inspirations de Dieu et de mon cœur ! Quitter ma famille, mes pauvres petits enfants, au moment où j'aurais pu mieux pourvoir à leur bien-être ! M'étais-je trompé en disant que j'écrivais le *Requiem* pour moi-même ? »

Pourtant, il voulut puiser dans la foi qui l'avait toujours animé, une résignation énergique. Sa belle-sœur Sophie Weber étant venue dans la soirée du 5 décembre demander de ses nouvelles, il lui dit :

« Je suis bien aise de vous voir, restez près de moi cette nuit, je désire que vous me voyiez mourir. »

Elle essaya de ranimer son espérance.

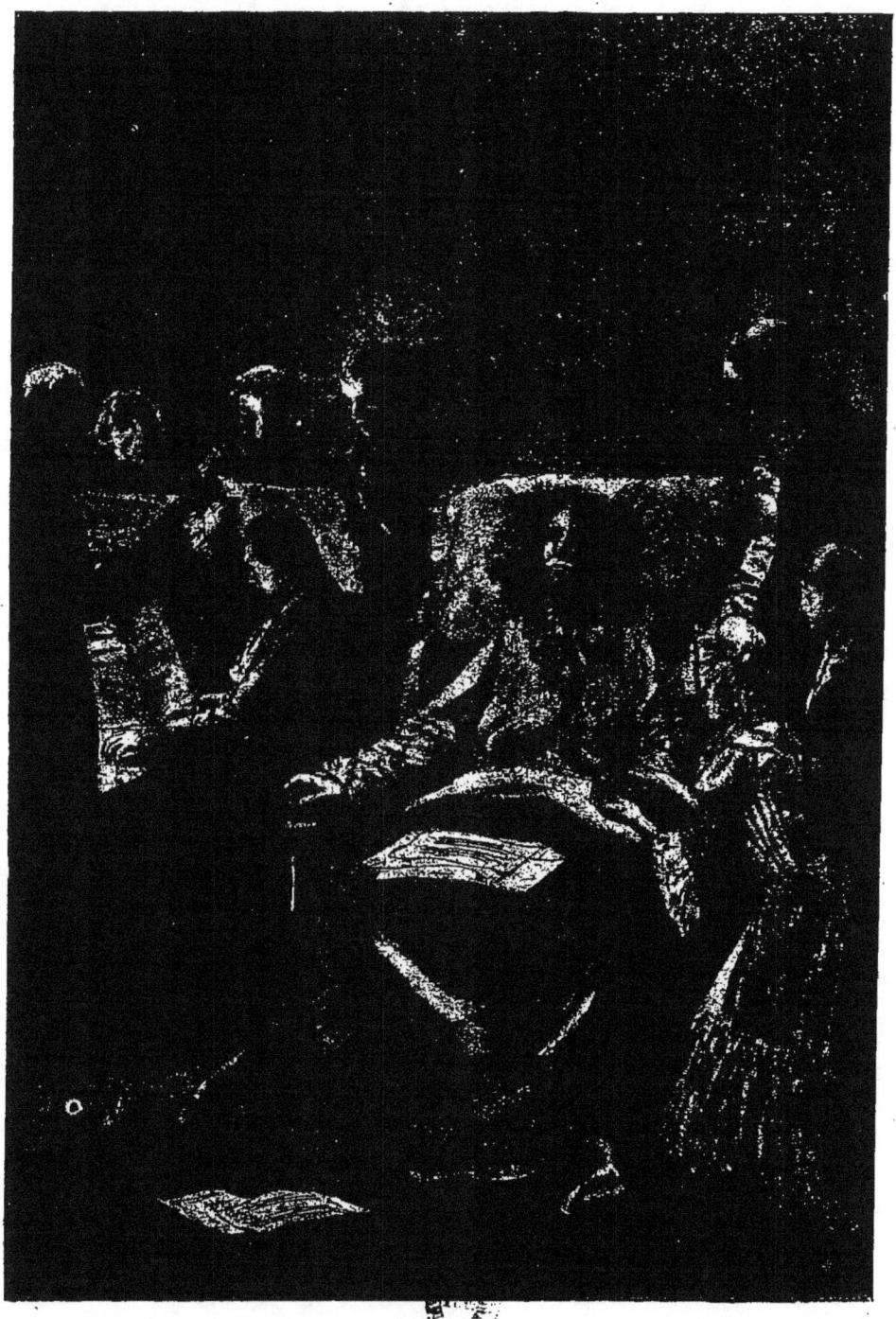

Les amis de Mozart exécutant, la veille de sa mort, sa cantate « *les Louanges de l'amitié* »

« Non, non, dit-il, je sens que tout est fini. Restez, si vous n'étiez pas ici, qui assisterait ma pauvre Constance ? »

Sophie alla avertir sa mère et accourut presque aussi vite. Elle trouva l'élève favori du maître, Süssmayer, debout près du lit et soutenant la partition du *Requiem* sur laquelle le « doux cygne de Salzbourg » jetait un regard humide. C'était comme un dernier et douloureux adieu qu'il adressait à son art tant aimé.

Bientôt, il serra convulsivement la main de sa femme... Minuit sonnait; avant que le dernier coup eut retenti, la belle âme s'était envolée.

Mozart n'avait pas trente-six ans !

Ainsi expirait ce prodige qui devait occuper une place unique dans l'histoire de la musique par l'universalité de son génie. Non seulement Mozart a été le premier pianiste de son temps, mais il est le seul compositeur qui ait su aborder tous les genres et y atteindre la supériorité. Le catalogue de ses productions ne s'élève pas à moins de huit cents.

« Le maître de Salzbourg, dit un de ses biographes, ne connaît point les spécialités ; qu'il écrive une messe ou un opéra, un oratorio ou un menuet, un quatuor ou une cantate, quoi qu'il fasse, on le retrouve avec tout son génie. Ce sont des modèles de composition idéale qui ont fixé et maintenu jusqu'à ce jour les règles du goût ; semblables à des colonnes, ils soutiennent encore aujourd'hui l'édifice musical, et leur solidité le protégera contre les efforts téméraires de ceux qui veulent en saper les bases. »

De Grandmaison.

ARIETTE DE ZERLINE
EXTRAITE DE DON JUAN
OPÉRA DE W.-A. MOZART

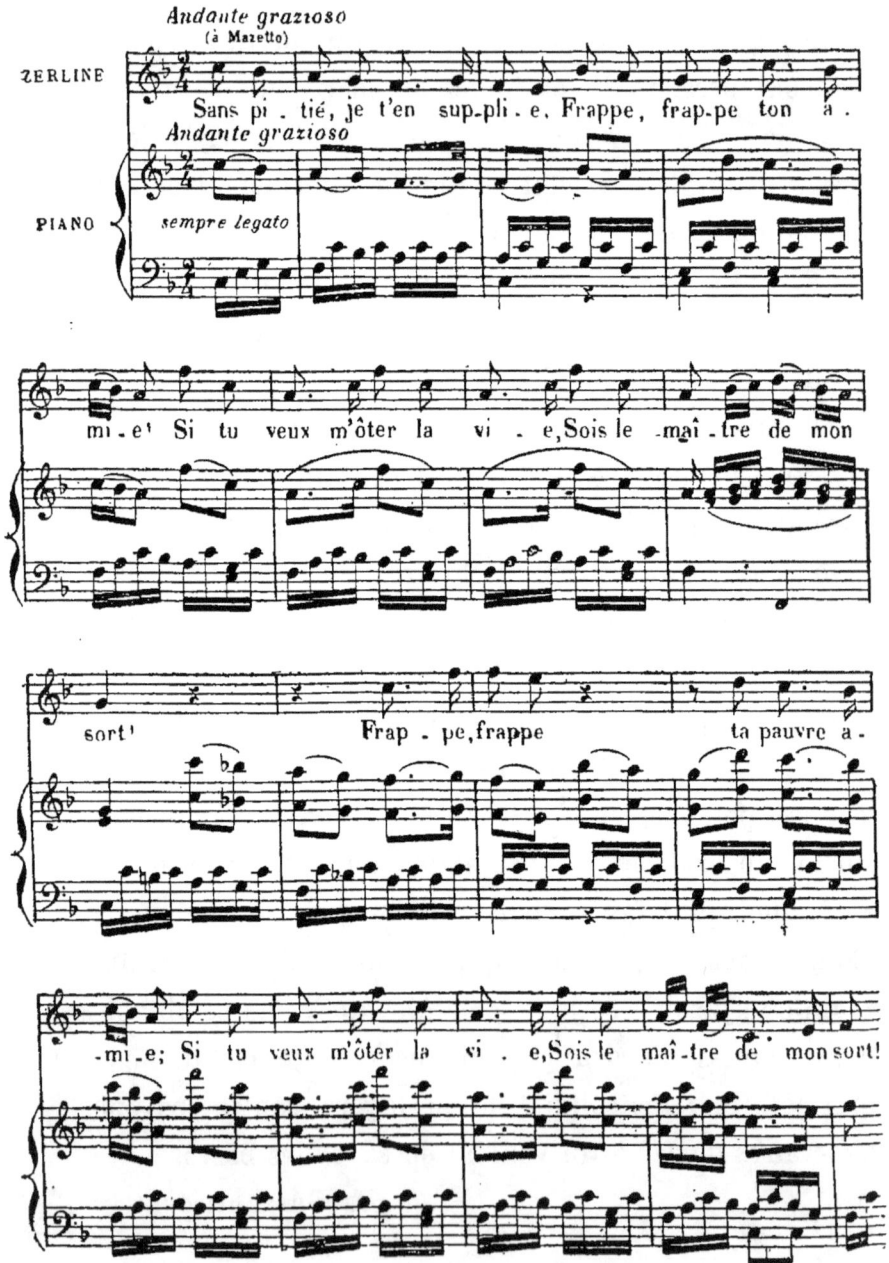

LES NOCES DE FIGARO

OPÉRA DE MOZART

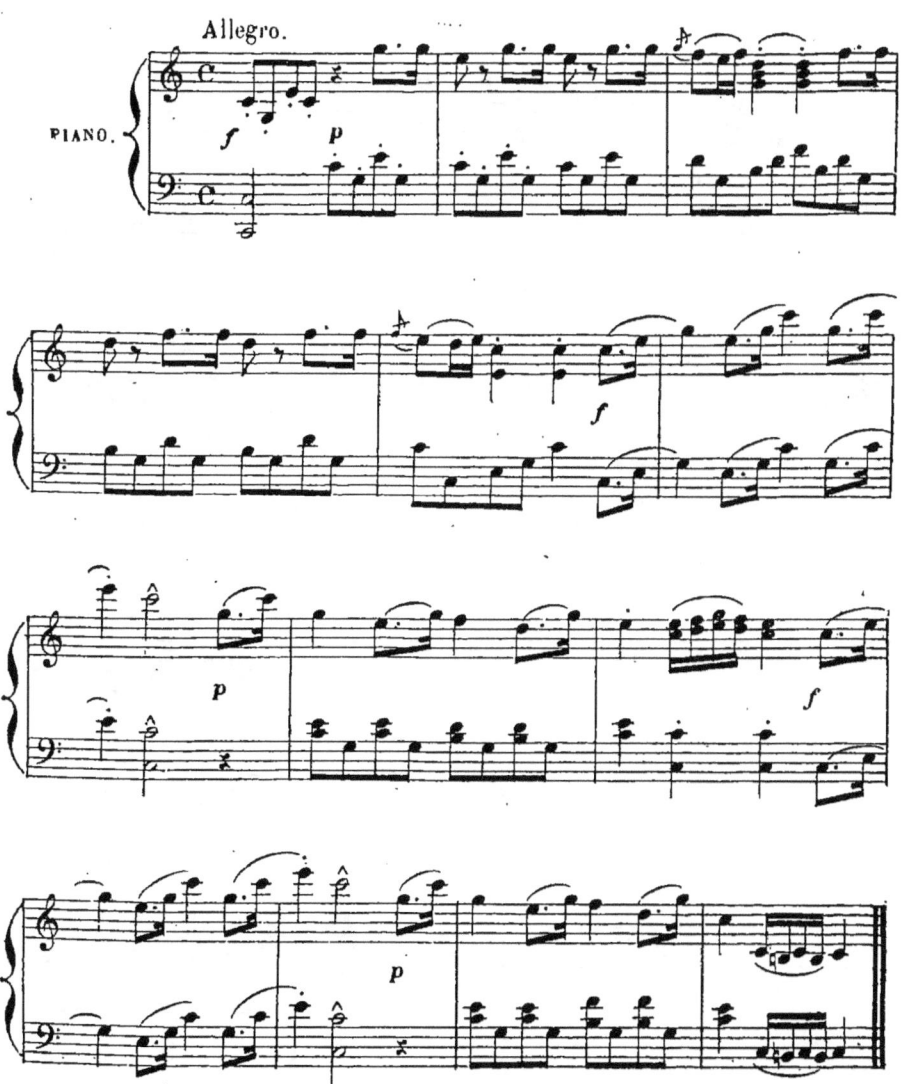

FRAGMENTS DU *REQUIEM*
LACRYMOSA

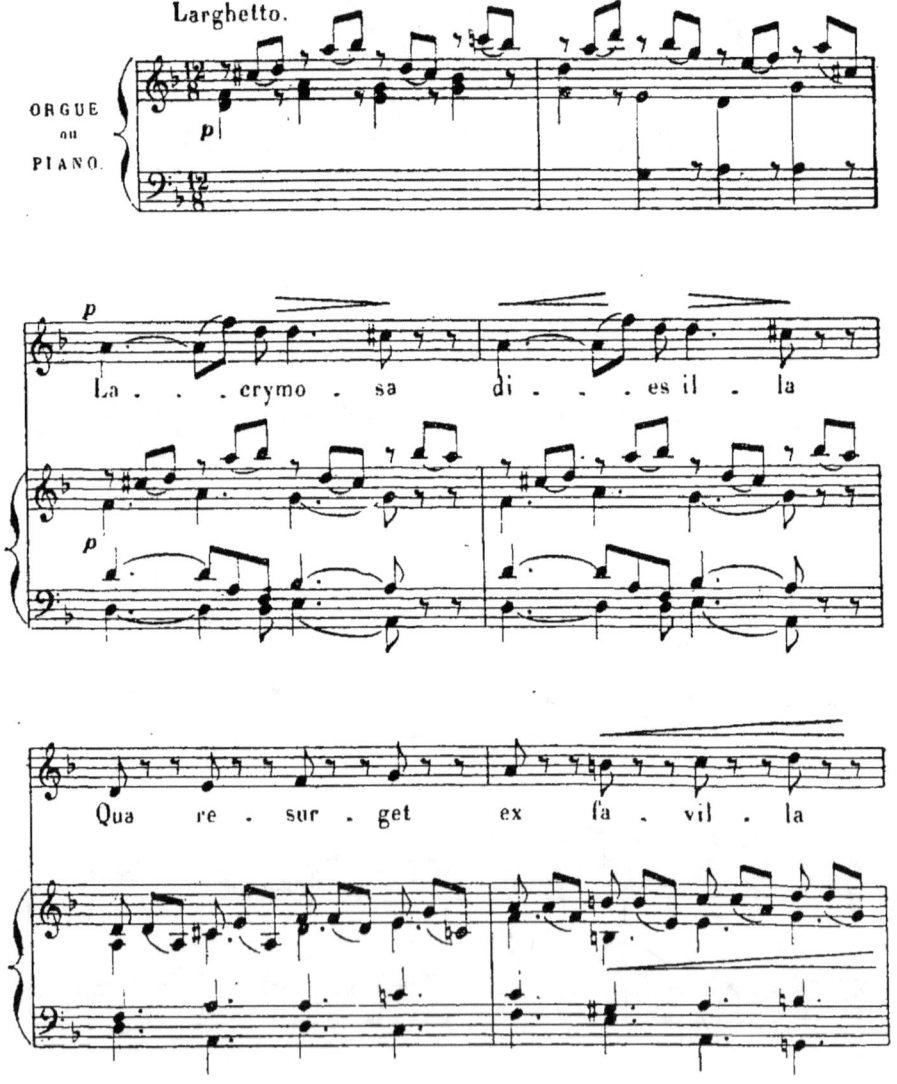

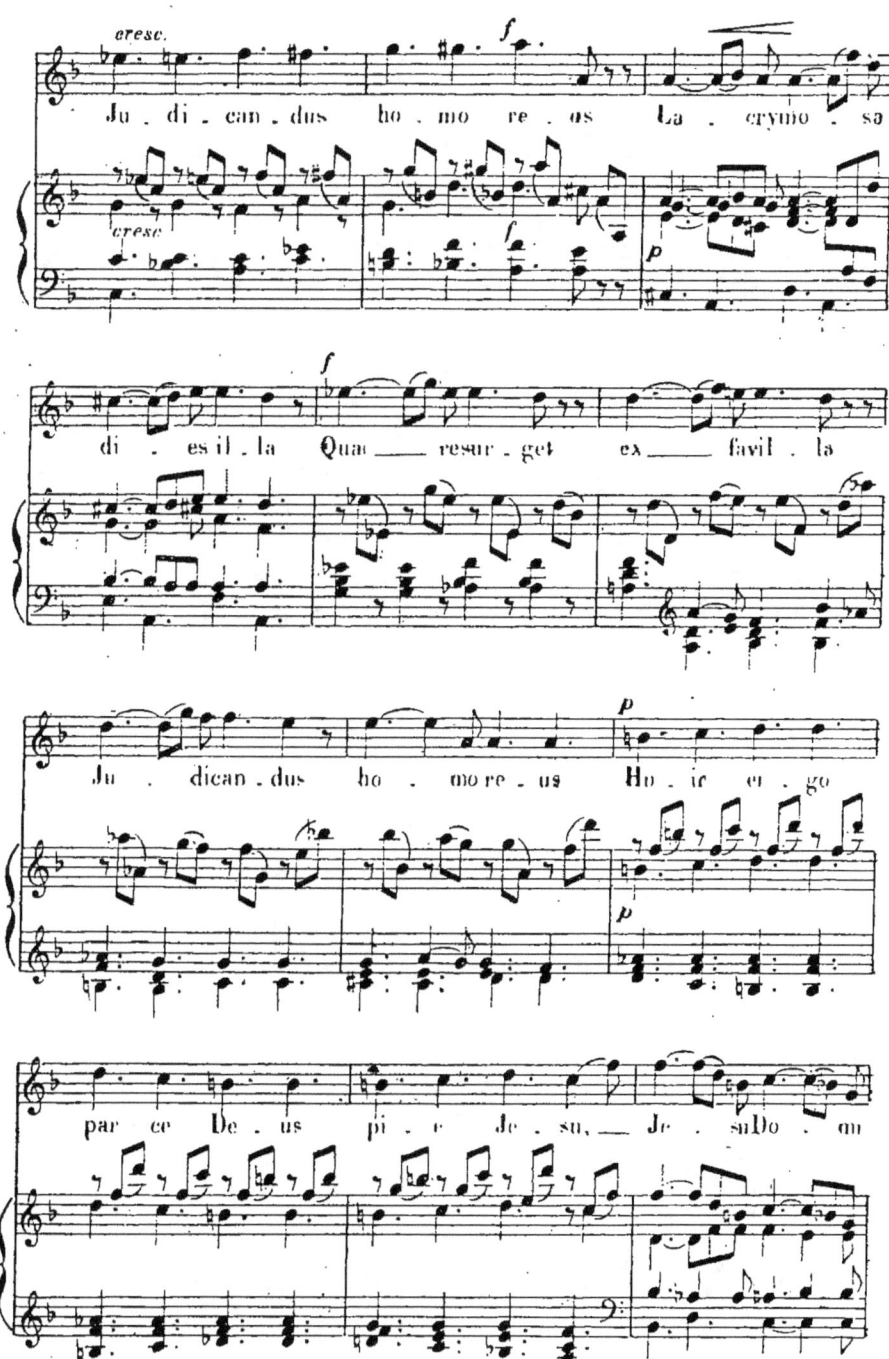

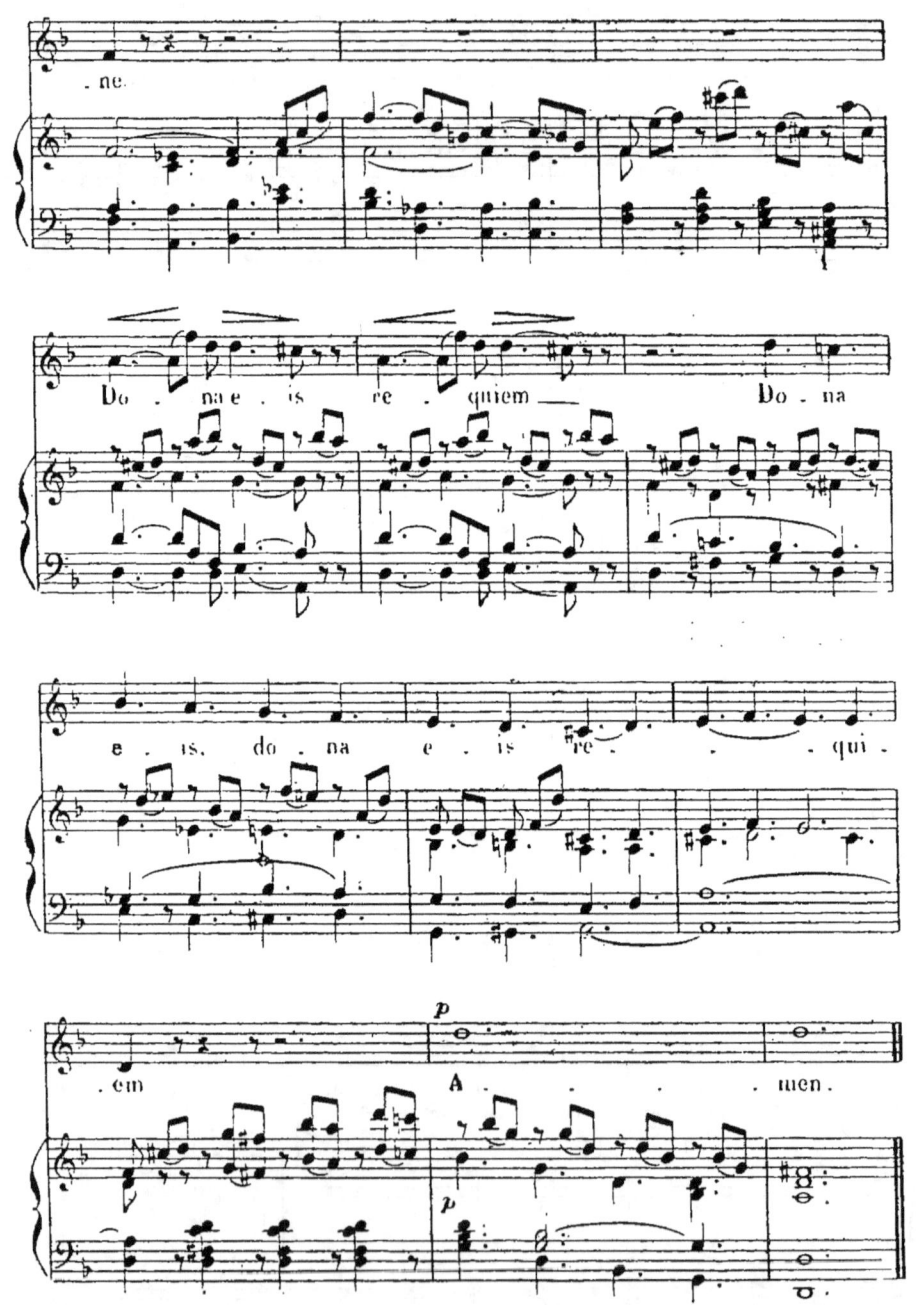

BEETHOVEN

(1770-1827)

BEETHOVEN

UNE SONATE
ET TROIS SYMPHONIES IMMORTELLES

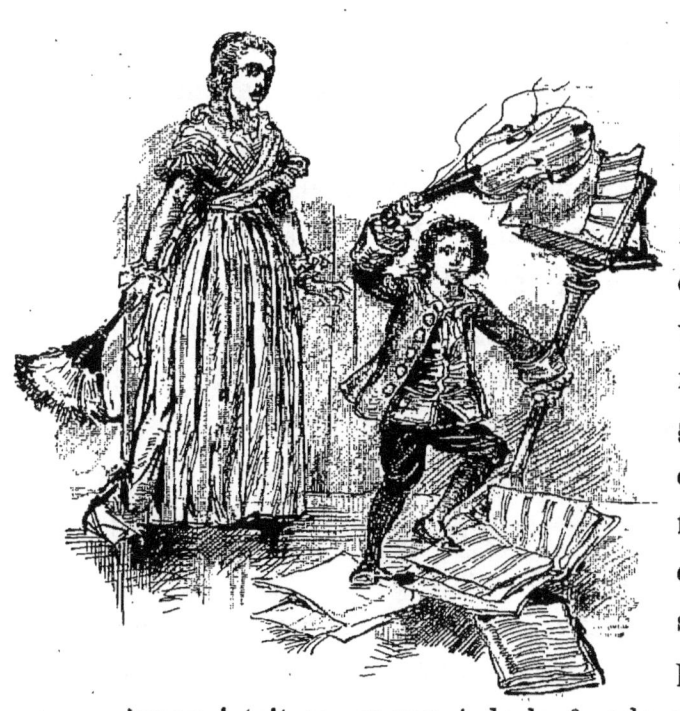

Ceux qui ont visité Bonn, il y a quelque trente ans, ont certainement remarqué, dans cette ville que traverse agréablement le Rhin, une grande rue conduisant au beau fleuve; et, dans cette rue, une maison aux vastes proportions, dont le pignon jetait au sommet de la façade son angle aigu et découpé, avec une grue traditionnelle à l'extrémité de sa pointe. Tout, jusqu'aux fenêtres basses à vitres hexagones, semblait indiquer la simplicité des habitants de cette demeure.

Pourtant, un soir de l'année 1775, il se passait au second étage de cette même maison une petite scène qui prouvait difficilement que tous les locataires fussent gens à se contenter d'une vie contemplative. Un homme dont le peu d'équilibre annonçait le manque de sobriété, franchissait à tâtons le seuil de l'appartement où on le voyait entrer ainsi depuis son mariage.

A sa vue, un enfant d'à peine cinq ans, aussi vif qu'une souris qui se sent sous l'œil d'un chat, courut se cacher dans un coin derrière un meuble. Mais, si rapide que fut le mouvement, il n'avait point échappé au nouvel arrivant.

— Eh! pourquoi te sauves-tu, mauvais drôle? dit l'homme, dans un allemand rendu plus dur par la manière dont il était prononcé : on eût dit que les paroles mêmes servaient de gargarisme à ce gosier desséché par l'ivresse.

L'enfant ne répondit pas.

— Viens ici! cria la voix irritée.

— Ah çà! est-ce que tu ne m'entends pas, Ludwig? reprit l'homme dans une gamme ascendante, et faut-il que j'aille te déloger à coups de cravache.

Cette menace eut un effet immédiat : l'enfant se détacha de la muraille où il semblait collé, et s'avança, la tête basse, vers le malheureux que la colère faisait tituber de plus belle, et qu'un dernier effort venait d'amener enfin à s'affaiser sur une chaise.

Il saisit l'oreille du pauvre petit; et, la lui pinçant à le faire crier, il lui dit :

— Tu n'as pas encore fait de musique aujourd'hui, sans doute ?

— Si, père, répondit l'enfant.

— Qu'as-tu étudié ?

— Ce que vous m'avez donné à apprendre.

— Mets-toi au clavecin tout de suite, que je voie si tu dis la vérité.

Le petit bonhomme s'achemina sans mot dire vers l'instrument; mais avec autant de lenteur que si on l'eût envoyé au supplice. Au moment de préluder, une nouvelle hésitation le reprit; et c'est tout tremblant qu'il posa ses petites mains sur les touches.

Il avait fait entendre à peine quelques notes qu'une exclamation douloureuse, suivie de pleurs bruyants, en interrompait le sens musical : l'enfant venait de recevoir deux maîtres soufflets qui avaient coupé sa pauvre mélodie.

Des scènes du même genre se renouvelaient trop souvent, hélas ! c'était le moyen qu'employait Jean van Beethoven pour initier son fils, le petit Louis, aux premiers éléments de la musique.

Jean, d'origine hollandaise, comme le prouve la particule de son nom, était attaché à la chapelle du Grand-Electeur dont son père lui-même avait été maître de chapelle; le malheureux avait l'habitude de s'adonner fréquemment à la boisson; et dès lors, sa brutalité ne connaissait plus de bornes.

Le pauvre Louis avait tout naturellement pris en grippe cet art qu'on lui démontrait à grands renforts de corrections; et lui-même allait puiser dans cette éducation une sorte d'opiniâtreté, d'esprit de révolte, et plus tard, une certaine brusquerie de manières, peu compatibles avec les compositions si admirables et si tendres que devait concevoir sa puissante organisation.

Le violon n'avait pas pour le fils du ténor plus de charme que le clavecin : il fallait constamment user de rigueur pour l'obliger de se mettre à l'étude, et lorsqu'il y était, peu de chose le dérangeait.

On raconte que pendant qu'il maniait l'archet, une araignée se laissait glisser du plafond pour l'entendre. Un jour, la mère du petit musicien, ayant aperçu l'insecte, s'empressa de l'écraser. Le jeune Beethoven entra dans une si violente colère qu'il en brisa son instrument de dépit. N'était-ce pas révéler dans un âge encore si tendre ce caractère fougueux mais susceptible de tant d'attachement qu'il devait conserver toute sa vie?

Cette petite nature, heurtée dès le début de l'existence, cédait à une certaine douceur, et van der Eden, l'organiste de la cour, ayant offert de lui donner gratuitement des leçons de piano, eut vite fait de vaincre les dégoûts de son élève. Les progrès de ce dernier furent non seulement rapides mais extraordinaires : à douze ans Beethoven déchiffrait avec une merveilleuse perfection les fugues et pré-

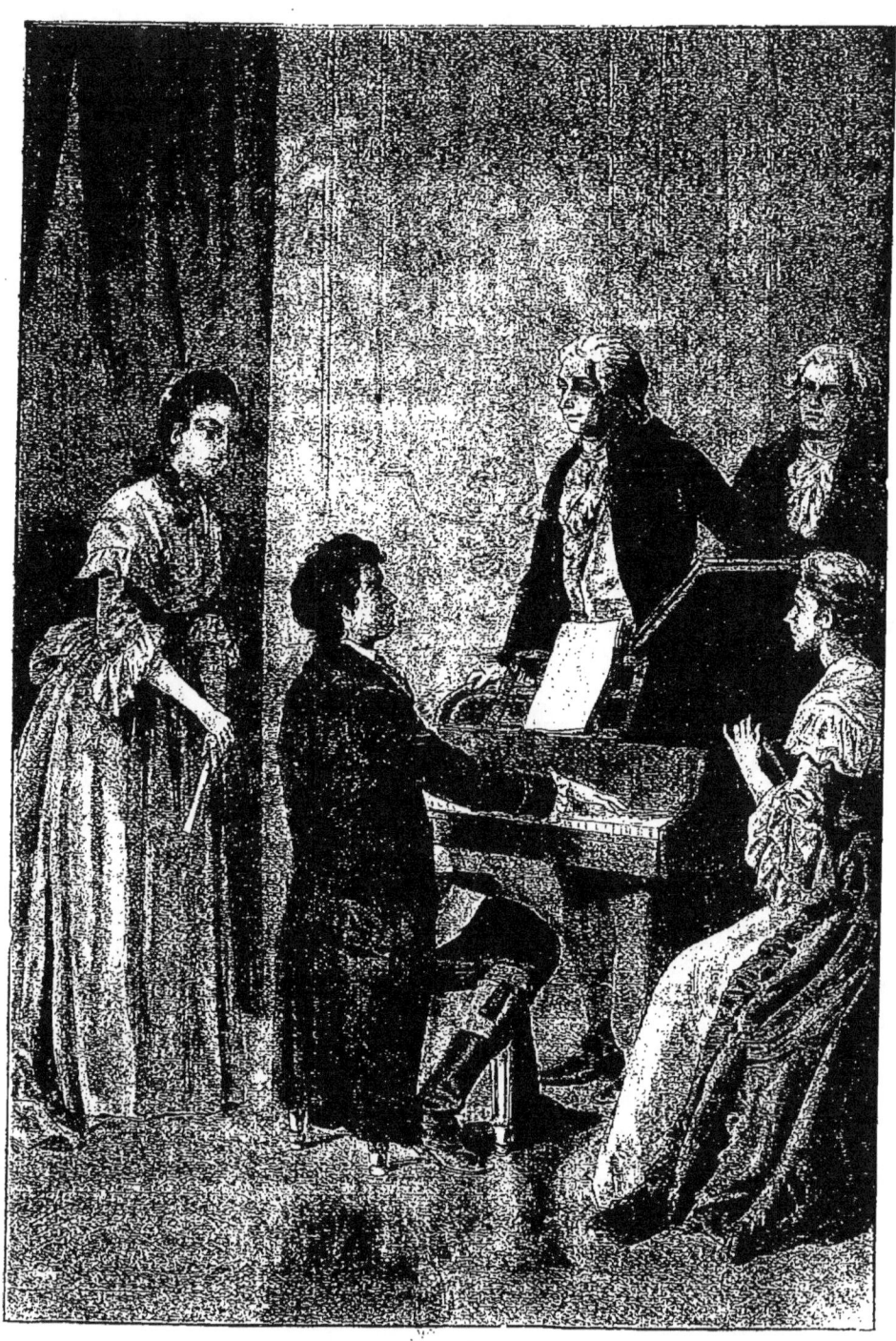

Beethoven jouant devant Mozart (p. 158).

ludes si difficiles du *Clavecin bien tempéré* de Sébastien Bach, et les chefs-d'œuvre de Hændel, deux maîtres qu'il ne cessa jamais d'admirer.

A treize ans, sans avoir encore reçu aucune notion des règles de l'harmonie, mais entraîné par un instinct irrésistible vers la composition, il confiait au papier les premiers jets de son inspiration si féconde.

Quand Beethoven eut atteint l'âge de vingt ans, il s'éprit du génie de Mozart, qui régnait alors sur le monde musical, sans se douter qu'il deviendrait un jour son émule en renommée.

Son enthousiasme le portait vers Vienne, où il souhaitait aller rendre hommage à l'auteur de tant de chefs-d'œuvre atteignant à ses yeux le dernier terme de l'art.

Le comte de Valdstein, chambellan de l'empereur d'Autriche, favorisa l'accomplissement du désir du jeune dilettante.

Muni d'une lettre de recommandation, il fut présenté à l'illustre maître qui, voulant juger par lui-même du talent qu'on lui vantait, pria Beethoven de se mettre au piano.

Il obéit, et joua d'inspiration. Mozart l'écouta d'abord d'une oreille assez indifférente, persuadé que l'adolescent lui répétait un morceau appris par cœur tout exprès pour la circonstance; mais comme il laissait deviner cette pensée, Beethoven s'en trouva piqué au vif et demanda aussitôt à l'illustre maître de vouloir bien lui donner un thème de son choix.

— Très volontiers, répondit Mozart ; mais il ajouta à part lui : « Je vais bien t'attraper. »

Prenant sa plume, il écrivit un sujet de fugue rempli de difficultés, tel qu'on en propose dans les écoles pour exercer les élèves au mécanisme de la science harmonique. Or, les artifices du contrepoint étaient encore peu familiers au jeune Beethoven ; pourtant, il ne se déconcerta pas devant ce piège qu'il venait d'entrevoir : il saisit son thème et le développa avec tant d'originalité et une telle puissance d'invention que Mozart se leva de son siège tout émerveillé et vint le féliciter ; puis se tournant vers ses amis, il leur dit :

— Faites attention à ce jeune homme, il fera parler de lui dans le monde ?

C'est ainsi que Beethoven venait de préluder à sa glorieuse destinée.

. . . .

Trois ans plus tard, peu après que le divin Mozart était mort, Beethoven vint se fixer à Vienne, pour y compléter ses études musicales et y occuper une place d'organiste avec une pension modeste, mais qui suffisait à ses plus pressants besoins.

Il trouvait, en outre, une société autrichienne toute pénétrée du goût de la musique et qui se faisait gloire de protéger les musiciens. Les plus grands personnages, entre autres le prince de Lichnowski et le comte Rasumoffsky, ambassadeur de Russie, accueillirent le jeune virtuose avec un empressement remarquable, favorisant ses débuts d'une façon tout exceptionnelle. Ils réunissaient tour à tour dans leur palais un cercle d'artistes et d'amateurs où, à côté des symphonies d'Haydn et de Mozart Beethoven put faire entendre ses premiers ouvrages.

Une petite rivalité s'éleva bientôt entre le prince Lichnowski, enthousiaste du jeune compositeur, et le baron de Weyslar, qui protégeait un autre pianiste du nom de Wœlff, pouvant, disait-il, lutter avec Beethoven. On convint de les faire entrer en lice.

Ce combat pacifique a été raconté par une plume autorisée, d'une manière qui analyse si bien le talent du grand symphoniste que nous ne pouvons la passer sous silence.

« C'était, dit ce conteur, dans la délicieuse villa que le baron possédait à Grunberg, près le château impérial de Schœnbrun, que les deux rivaux, engageant la lutte en présence d'une assemblée aussi nombreuse que choisie, faisaient entendre leurs compositions les plus récentes et se livraient sans réserve à leurs inspirations. Tous deux possédaient au même degré le mécanisme de leur instrument. Sous le rapport de l'invention, le talent de Wœlff était plus méthodique, toujours clair, et par conséquent à la portée de tout le monde. Le génie de Beethoven, au contraire, participait de ces langues sacrées dont le sens mystérieux échappe à la multitude. Tantôt, du milieu d'une nuit profonde que traversaient d'éclatants rayons, sortaient de sourds mugissements, des bruits étranges inspirant la terreur. Soudain le calme renaissait, et les ombres se dissipaient, laissant apercevoir de riants paysages ; l'âme de l'artiste s'exhalait en doux soupirs, simples et pures mélodies répétées au loin par l'écho de la vallée ; puis tout à coup, s'élevant vers les régions célestes, sa puissante harmonie éclatait en un hymne radieux, semblable à la voix de la création ? »

Toutefois, à cette époque, ce n'était encore que dans les improvisations que Beethoven révélait l'individualité de ce génie dont la conception rapide répondait aux élans d'une imagination fougueuse et véhémente. Pour ses compositions écrites, il marquait plus de timidité ; et aussi une tendance à imiter, au milieu d'une originalité incontestable, le style du grand Mozart, qu'il avait voulu prendre pour modèle, après en avoir reçu pour ainsi dire l'investiture artistique. Cet état de choses ne dura qu'un temps, aussi a-t-on classé les œuvres de Beethoven en trois catégories, répondant à trois phases diverses de son talent.

La première empreinte, comme nous le disions, du souvenir du maître immortel, s'arrête vers 1800. La seconde, qui va jusqu'en 1814, est l'époque des grandes symphonies, celle dans laquelle il put agrandir le cadre tracé par Haydn et par Mozart lui-même, et acquérir ses plus beaux titres de gloire, tout en marquant le point culminant des progrès de la musique en Allemagne.

C'est à cette époque que fut composée l'admirable sonate en *ut* mineur dite *Sonate du clair de la lune*.

L'origine qu'on lui attribue est assez singulière :

Beethoven, après une grande course dans la campagne,

s'était, un beau soir d'été, assis sur le bord d'un chemin qui suivait un parc, la lune brillait d'un éclat merveilleux et le grand musicien, qui avait aussi l'âme d'un poète, contemplait le firmament, comme s'il voulait demander à la reine des nuits quelque suave inspiration, lorsque, tout à coup, un bruit de conversation féminine frappa son oreille. Deux jeunes filles étaient à une petite distance de lui, se faisant leurs confidences. L'artiste devinait le tableau plutôt qu'il ne le voyait. Il ne saisissait pas non plus les paroles, mais le son de ces voix tantôt s'élevant joyeuses et 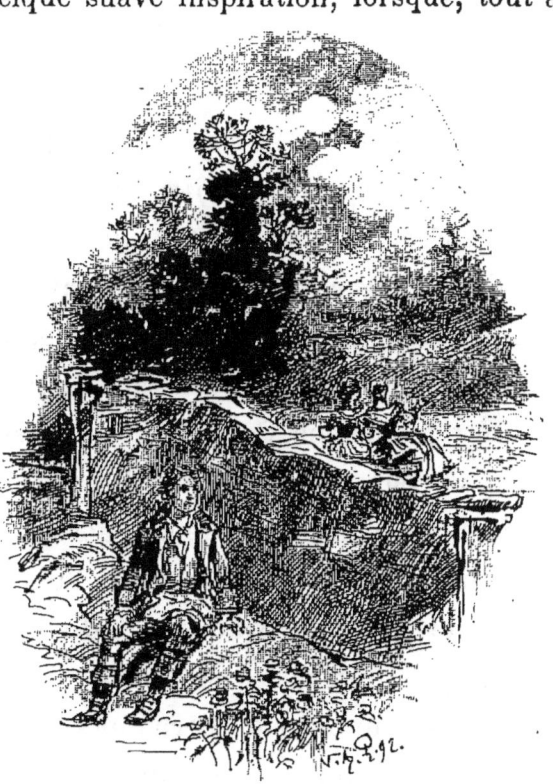 toutes vibrantes de gaîté, tantôt s'apaisant ou s'alanguissant, plus émues et comme attristées, donna au compositeur des sensations étranges : ces derniers effets troublaient son cerveau et s'y répercutaient en véritables ondes musicales ayant un sens, et reproduisant les sentiments que son imagination lui faisait comprendre. On peut donc dire que Beethoven entendit en musique la conversation tout entière, et ce qu'il en ressentit fut si profond et s'imprima si bien dans sa mémoire qu'en rentrant chez lui il n'eut plus qu'à le fixer sur le papier pour produire un chef-d'œuvre.

***

A la même grande et remarquable période, on doit rattacher la *Symphonie héroïque*.

Le général Bernadotte était alors ambassadeur français près de la cour autrichienne, et il avait gardé un si puissant souvenir de son ancien compagnon de gloire que Bonaparte demeurait à ses yeux le bras victorieux de la France républicaine. Sous cette impression, il demanda un jour à Beethoven, avec lequel il était lié, de composer une symphonie en l'honneur de son héros.

Beethoven s'était pris lui aussi d'une admiration singulière pour le génie conquérant du premier consul de la République française. Ce fut donc avec empressement qu'il accéda au désir de Bernadotte.

Le premier morceau de cette partition était composé lorsque Ries, l'élève de Beethoven, vint lui apporter la nouvelle que Bonaparte s'était fait proclamer empereur des Français. Le maître entra aussitôt dans une grande colère, et s'écria :

« Celui-là n'est donc aussi qu'un homme ordinaire ! Maintenant il va fouler aux pieds tous les droits de l'homme ; et, ne songeant qu'à assouvir son ambition, il deviendra un tyran ! »

Puis, saisissant la feuille de papier sur laquelle était écrit comme titre : *Napoléon Bonaparte*, il la déchira, la jeta par terre et fit mettre immédiatement par son copiste en tête d'une nouvelle feuille, cette autre devise :

Symphonie héroïque pour célébrer le souvenir d'un grand homme.

Le héros qu'il avait admiré, déchu tout à coup dans son estime, ne lui semblait plus exister qu'en souvenir. Aussi peut-on remarquer que le second morceau de cette symphonie est une marche funèbre où l'auteur a voulu célébrer le deuil de son illusion tombée.

Cette symphonie est peut-être celle dans laquelle le génie du musicien montre le caractère le plus absolu de création ; aucune réminiscence d'aucun autre maître ne s'y fait sentir : Beethoven est lui, son individualité se pose, et marque une époque dans l'histoire de l'art.

Le grand morceau en *ut* qu'elle renferme fit naître peu après dans la tête de l'artiste l'idée de la symphonie en *ut mineur*, qui est, disent de savants appréciateurs, l'œuvre la plus parfaite du maître, celle qui, avec la *Symphonie pastorale*, donne l'apogée de son génie.

Cette dernière œuvre lui fut, on peut dire, inspirée par la nature même, dans sa grandeur puissante et directe.

Beethoven habitait tantôt Vienne, tantôt le joli village de Baden situé à cinq lieues de cette capitale, et dans l'un et l'autre de ces pays, il était connu par son goût prononcé pour la promenade. Quelle que fût la saison et quelque temps qu'il fît : froid, chaud, pluie, vent ou grêle, tous les jours après son dîner, qui avait lieu à une heure, il partait faire, à grands pas, deux fois le tour de la ville où il était connu de tous les habitants, qui disaient avec un sentiment d'admiration : « Voilà Beethoven ! »

Cet hommage rendu au talent du grand homme se rencontrait dans les rangs les moins élevés : il n'y avait pas un passant qui ne se fût dérangé pour ne pas le troubler dans ses méditations silencieuses au cours de quelque excursion. On raconte qu'on vit un jour une troupe de charbonniers s'arrêter sous le poids de leurs lourds fardeaux jusqu'à ce qu'il fût passé.

Beethoven était fort distrait : on dit qu'il en arriva même à oublier la véritable date de sa naissance et à se rajeunir de deux ans, ce n'était pas par coquetterie à coup sûr !

Un trait montrera jusqu'où pouvait aller les écarts de de son esprit :

Un jour, dans la ville qu'il avait déjà tant arpentée, il entra dans un restaurant. A peine lui eût-on avancé la carte qu'au lieu de la consulter, il se mit à écrire au dos. Quoi ? — Une idée musicale dont l'improvisation le poursuivait et qu'il voulait noter pour ne pas la perdre. On le laissait faire ; et il écrivait, rêvait, recommençait à écrire, sans plus seulement se rendre compte de l'endroit où il se trouvait ni de ce qui l'y avait amené ; l'inspiration l'avait saisi tout entier.

A la fin il se lève et demande ce qu'il doit.

— Mais vous ne devez rien, Monsieur, répond le garçon, puisque vous n'avez rien pris.

— Vous croyez que je n'ai pas dîné?
— Non assurément.
— Eh bien! donnez-moi quelque chose.
— Que désirez-vous?
— Ce que vous voudrez!

*
* *

Beethoven composait en marchant, le mouvement des jambes excitait chez lui l'activité du génie ; comme Mozart, il faisait son plan tout entier dans sa tête avant de le transcrire sur le papier. Quelquefois, en rentrant d'une longue course où sa verve avait acquis de l'ardeur, il se mettait à écrire partout : sur les murailles, sur les volets, sur les planchers même de son appartement, ce qui lui attirait mille désagréments de la part de ses propriétaires, et l'obligation de déménager fort souvent, par suite des congés qui lui étaient signifiés, sans pitié pour sa gloire.

Le pauvre grand homme finit par avoir quelque difficulté pour trouver un logement, aussi se retira-t-il de plus en plus à la campagne. Là, il se promenait quelquefois des journées entières, seul et dans les lieux les plus solitaires, battu par le vent, brûlé par le soleil ; mais écoutant la divine harmonie qui se dégageait du merveilleux ensemble de cette nature, belle jusque dans le bruissement de ses insectes, le soupir de sa brise ou le déchaînement combiné de ses éléments.

La grande poésie champêtre, tout en lui dictant la symphonie qui est elle-même un vrai poème pastoral, inonda si bien son âme qu'elle put en conserver une sorte d'empreinte, laquelle devait permettre à son imagination de la goûter encore, alors que son oreille n'en pouvait plus percevoir les accents.

Déjà quand Beethoven rendait d'une manière si vivante et si pittoresque ses impressions de la campagne, il ne les éprouvait plus qu'en souvenir et pour ainsi dire au dedans de lui-même. Une surdité, rebelle à tous les traitements, était venue lui ravir le plus grand bonheur qu'il pût ressentir, celui d'entendre au moins la musique qu'il composait.

Cette infirmité, doublement pénible pour un tel artiste, Beethoven mettait une sorte de pudeur à la dissimuler, elle lui semblait un déshonneur pour un musicien. Aussi aimait-il à fuir le monde, afin de ne pas être forcé de révéler le secret de son chagrin.

Ries, dont nous avons déjà parlé, vivait depuis deux ans déjà dans l'intimité du maître, qu'il ne s'en était pas encore aperçu. Mais un jour, dans une promenade qu'ils faisaient ensemble, l'élève fut frappé du son de la flûte d'un berger au milieu d'un bois; charmé de cet écho champêtre, il voulut le faire remarquer à Beethoven ; mais en vain le maître prêta l'oreille, il n'entendit rien. Aussitôt il devint triste et rêveur : Ries eut beau essayer de le distraire, rien ne put vaincre sa profonde mélancolie.

A partir de 1815, cette surdité s'accentua si complètement que Beethoven se vit obligé de renoncer à diriger lui-même l'exécution de ses œuvres. C'est à ce moment que commence la troisième période de l'auteur, qui ne devait plus être, comme on l'a justement dit, que les rayons affaiblis d'un soleil couchant.

A cette dernière phase appartient la *Neuvième symphonie* sur l'*Ode à la Joie* de Schiller. Elle renferme encore d'éclatantes beautés, mais la lumière fait défaut à l'ensemble. Elle demanda aussi plus de peine à composer. Pendant que l'artiste y travaillait, toute sa conduite accusait une agitation fébrile, il parcourait plus que jamais la campagne manquant l'heure des repas, rentrant sans chapeau, au grand désespoir de sa cuisinière.

La principale mélodie du grand final de cette *Neuvième symphonie* lui donna surtout un laborieux travail; il la fit, la défit, la refit maintes fois et pendant nombre de jours jusqu'au moment où il s'écria enfin avec enthousiasme : « Je l'ai, je l'ai ! »

L'exécution de l'œuvre colossale, si difficilement conçue, devait être pour le maître un nouveau crève-cœur. Il avait eu beau se placer à la droite du directeur et donner le mouvement de chaque morceau, il n'entendait rien de ce qui se passait autour de lui. Il paraissait aussi étranger que possible aux acclamations du public, auquel d'ailleurs il tournait le dos; et il fallut l'avertir à un moment donné qu'il eût à répondre au moins par un signe de tête à l'ovation dont il était l'objet.

Qui ne comprendra l'intensité de sa souffrance ! Et qui pourrait ne pas être ému en lisant les passages de son testament où il l'exhale en termes si profondément sentis :

« O hommes qui me croyez haineux, intraitable ou misanthrope, et qui me représentez comme tel, vous ne me rendez pas justice! Vous ne connaissez pas les raisons secrètes qui font que je vous parais ainsi. De cœur et d'esprit, j'étais porté dès mon enfance aux sentiments bienveillants, j'éprouvais même le besoin de faire quelques bonnes actions.

« Mais, né avec un tempérament vif et ardent, susceptible de sentir les agréments de la société, j'ai été obligé de m'en séparer de bonne heure et de vivre dans la solitude ; et, quand je voulais me mettre au-dessus de cela et oublier mon infirmité, j'en étais repoussé avec un redoublement de tristesse par suite de ma difficulté d'entendre. Il m'était impossible pourtant de dire aux hommes : « Parlez « plus haut, criez, car je suis sourd ! » Ah! comment était-il possible d'avouer la faiblesse d'un sens qui aurait dû être plus parfait chez moi que chez les autres, d'un sens que j'ai possédé autrefois dans l'état de perfection, et d'une perfection telle que peu d'hommes de mon art la possédaient; non, je ne le puis pas.

« Ne m'en veuillez donc pas quand vous me voyez dans la retraite lorsque je voudrais vivre avec vous; mon malheur me fait doublement souffrir, car je vois que l'on me méconnaît. Pour moi, point de délassement dans la société; point de conversation intime, point d'épanchements mutuels. Vivant toujours seul, sans autre ressource que celles que commande une impérieuse nécessité, je ne puis me faire

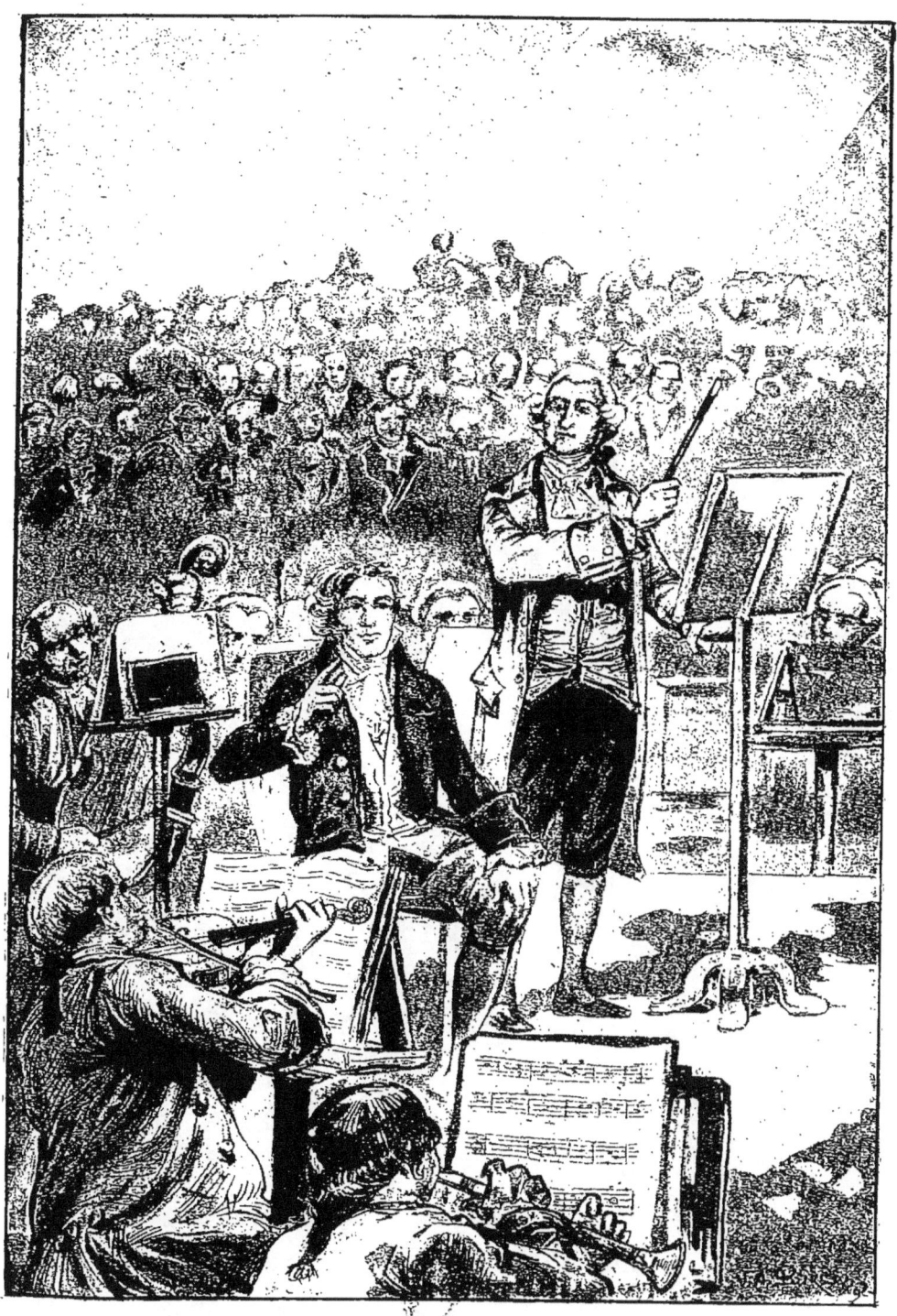

Il n'entendait rien de ce qui se passait autour de lui.. (p. 167).

admettre dans la société, et je vis comme un banni.

« Toutes les fois que je m'approche du monde, une affreuse inquiétude s'empare de moi ; je crains à tout instant le danger de faire remarquer mon état. — Quand, en dépit des motifs qui m'éloignaient de la société, je m'y laissais entraîner, à quel chagrin je m'exposais lorsque quelqu'un, se trouvant auprès de moi, entendait de loin une flûte et que je n'entendais rien ; ou qu'il entendait chanter un pâtre et que je n'entendais encore rien ! J'en ressentais un désespoir si violent que peu s'en fallait que je ne misse fin à ma vie. L'art seul m'a retenu ; il me semblait impossible de quitter le monde avant d'avoir produit tout ce que je sentais devoir produire.

« C'est ainsi que je continuais cette pauvre vie, véritablement misérable : un rien suffit pour me faire passer de l'état le meilleur à l'état le plus pénible. Patience, c'est le nom du guide que je dois choisir ! Je l'ai déjà, et ma résolution est de persévérer jusqu'à ce qu'il plaise aux inexorables Parques de couper la trame de ma vie. Peut-être cela ira-t-il mieux, peut-être non. Je suis décidé à me faire philosophe à vingt-huit ans, chose qui n'est guère facile, et qui est plus difficile pour moi que pour tout autre. — O Divinité, tu vois dans mon cœur, tu le connais et tu sais que l'amour du prochain et le penchant au bien y tiennent une grande place.

« O hommes qui lirez ceci un jour, songez combien vous avez été injustes envers moi dans mon malheur ! Que les malheureux se consolent, en voyant en moi un de leur semblables qui, bravant les obstacles, fit tout ce que sa position lui permettait de faire pour être digne d'être compté au nombre des hommes de bien et des artistes de mérite. »

Puis il ajoute :

« Et vous, mon frère Charles, aussitôt que je serai mort, priez le professeur Schmidt, en mon nom, de décrire ma maladie et d'ajouter cette description à cet écrit, afin qu'après ma mort, autant que possible, le monde soit réconcilié avec moi. En même temps, je vous déclare, mes deux frères, héritiers de ma petite fortune (si on peut l'appeler ainsi). Partagez-la loyalement, soyez d'accord, aidez-vous mutuellement. Tout ce que vous avez fait contre moi vous a été depuis longtemps pardonné, vous le savez. Je remercie mon frère Charles particulièrement pour l'attachement qu'il m'a témoigné en ces derniers temps. Je souhaite que votre vie soit meilleure et plus libre de soucis que la mienne. Recommandez la vertu à vos enfants; elle seule peut rendre heureux et non pas l'argent. Je vous parle d'expérience; c'est la vertu qui soutient dans le malheur, et, si je n'ai point fini ma vie par un suicide, je le dois à vous ainsi qu'à mon art. Vivez heureux et aimez-vous.

« Je remercie tous mes bons amis, principalement le prince Lichnowski et le professeur Schmidt. Je désire que les instruments du prince soient conservés chez un de vous, mais qu'il n'y ait point de discussion à ce sujet entre vous deux. Si cependant vous avez besoin d'argent pour quelque chose de plus nécessaire, je vous permets de vendre ces violons, et je serai heureux de vous être utile de mon tombeau.

« C'est avec joie que je vais au-devant de la mort. Si elle vient avant que j'aie occasion de développer mes capacités

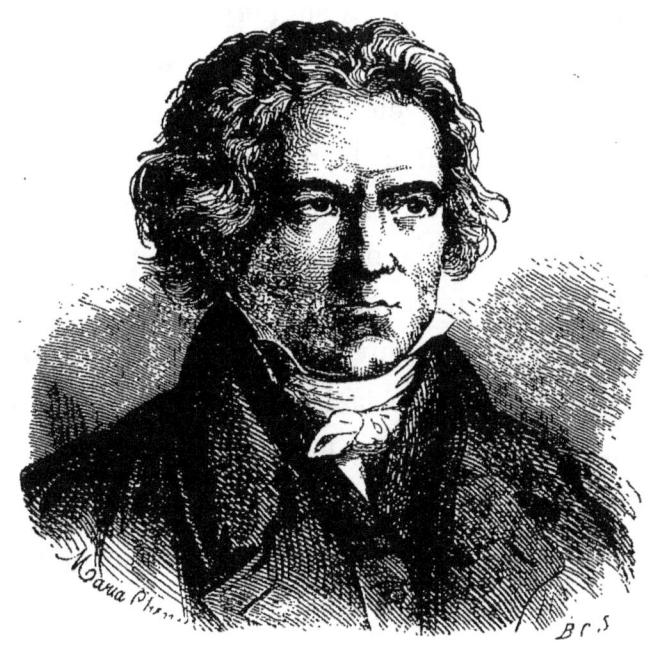

Beethoven.

musicales, j'attribuerai cela à la dureté de mon sort ; mais ce serait trop tôt, et je désire qu'elle vienne plus tard : dans tous les cas, je serai content, car elle me délivrera d'un état pénible ; j'irai avec courage au-devant d'elle.

« Adieu, ne m'oubliez pas dans la mort, je le mérite, car je vous ai toujours voulu du bien durant ma vie, et toutes mes pensées étaient pour votre bonheur. Soyez heureux !

« Louis van Beethoven. »

De telles expressions montrent assurément une nature au-dessus du vulgaire, et prouvent que sous quelque apparence de brusquerie, le cœur était chez ce grand artiste à la hauteur d'un immortel génie.

C'est cette générosité qui a suggéré à l'un de ses plus fervents admirateurs, M. Eugène Manuel, l'auteur des *Pages intimes*, des *Ouvriers*, etc., cette belle poésie intitulée « Condoléances » qu'il a bien voulu nous autoriser à reproduire ici : touchante inspiration où l'âme du poète vibre à l'unisson de celle du musicien et qui semble un écho de son génie si tendre et si élevé.

Cette page, digne des œuvres du maître, nous paraît le plus beau complément de la légende artistique du grand homme à qui convient si bien le rôle émouvant de suprême consolateur.

Grandmaison.

CONDOLÉANCES

La noble veuve avait perdu sa fille unique,
Et, dans la maison morne, — oh ! la mort est inique ! —
Sans pouvoir s'arracher de la chambre, elle avait
Choisi, pour y pleurer, l'étroit et blanc chevet :
Baisant la place où fut le visage adorable,
Elle y laissait saigner sa blessure incurable ;
Et bien des visiteurs, après les premiers jours,
Venaient la fatiguer du stérile discours
Que le sage tient prêt pour la douleur trop forte.
Les indifférents même avaient franchi sa porte.

Mais lui, le vieil ami, — Beethoven — ne vient pas!
Il n'aurait qu'à monter et faire quelques pas :
La veuve est sa voisine ; elle espère, sans doute,
Sa visite, et lui seul s'attarde, et la redoute !
De quel air aborder ce désespoir ? Comment
Affronter ce délire ou cet accablement ?
Le grand homme a des peurs d'enfant ; il se demande
S'il n'aura pas aussi de ces pleurs de commande ;
Si ce n'est pas mentir et trahir l'amitié,
De n'avoir pour ce deuil qu'un masque de pitié.

Un soir, il se décide enfin. Sa triste amie,
Dans l'ombre, est accoudée au lit, comme endormie ;
Mais rien qu'au pas léger, se retournant vers lui,
Elle rouvre les yeux d'où le sommeil a fui,
Et son regard navré dit toute sa détresse.
Et lui, troublé, le cœur débordant de tendresse,
Il est là, devant elle, immobile ; il voudrait
Trouver, — et ne peut pas, — le mot qui répondrait
Au découragement de ce coup d'œil farouche,
Et les sons étranglés se sèchent dans sa bouche ;
Il voudrait s'approcher au moins : l'effort est vain !

Mais là, tout près de lui, là, presque sous sa main,
— Comme une voix d'en haut pour les larmes humaines, —
Le piano fermé depuis tant de semaines,
L'attire : il le contemple, et muet, d'un pas lent,
S'avance sans lever les yeux, l'ouvre en tremblant,
Et s'assied. Son amie, un instant étonnée,
A tout compris : déjà son âme est enchaînée ;
Devant la majesté du génie, — elle attend.

C'est, d'abord, un prélude indécis et flottant,
Une lueur qui sort de la nuit ténébreuse,
Une aurore de sons, légère et vaporeuse,

Dans les tonalités limpides du bonheur.
Etait-ce en *ut*, en *sol*, en majeur, en mineur?
Qu'importe! Les accords disaient l'aube croissante,
Et la clarté vermeille et toujours grandissante
Où semblaient se jouer, avec le demi-jour,
Les ondulations du rêve et de l'amour :
Car c'était un enfant qui naissait, un doux ange!
O vous qui connaissez, qui goûtez sans mélange
Les chefs-d'œuvre du maître, et les nommez tout bas,
Vous devinez ce que les mots ne rendent pas,
Ce que seul il pouvait traduire, ce qui chante
Dans cette éclosion de faiblesse touchante,
Sous les doigts du naïf et puissant créateur :
Caresses, jeux charmants, sourire protecteur,
Ineffable tableau de vierge en son enfance,
Soins maternels, sommeil que l'on berce, défense
Inquiète, réveil innocent près du sein,
— Tout revit aux accents émus du clavecin !

Oui, c'était là ta part alors, ô jeune mère !
Comme il sait raconter ta joie — et ta chimère !
Comme à ces souvenirs ton cœur a tressailli !
Maintenant, l'harmonie éclatante a jailli :
L'enfant s'est transformée en chaste jeune fille;
C'est la grâce qui naît, c'est la beauté qui brille.
Pour fêter ce printemps en fleurs, cet avenir,
Tous les gazouillements d'oiseaux semblent s'unir;
Et, sous les trilles d'or, l'espérance hardie
S'envole en une large et franche mélodie
Qui promet le bonheur, et triomphe en chantant!
Le son devient lumière! et la mère écoutant
Sourit presque. — Et pourtant, monotone et tenace,
Un accord redoublé, sourd et plein de menace,
Toujours plus effaré, toujours plus douloureux,
Comme une obsession, trouble ces chants heureux,
Et prolonge sa note étrange et solitaire...

Et, tout à coup, la voix de l'instrument s'altère
Et s'assombrit ; le ciel radieux s'est voilé ;
Dans un adagio plaintif et désolé,
La nature gémit et souffre ; l'âme entière
Se révolte au brutal assaut de la matière.
A cette volonté qu'on ne peut attendrir,
A cette voix d'enfant qui ne veut pas mourir !
Pour rendre, en ses horreurs, la force dissolvante,
Le clavier tourmenté n'est qu'une mer mouvante
Où roulent tour à tour les vagues s'obstinant.
Quel concert irrité, lugubre, dissonant,
En modulations stridentes et sauvages,
Semble apporter l'écho d'invisibles rivages !
Les gammes en fureur amoncellent leurs flots !
Ah ! pauvre, pauvre mère, entends-tu tes sanglots,
Tes cris désespérés et tes mourantes plaintes ?...
On croirait que les sons vont rendre les étreintes
Du mal, et que le rythme enfiévré veut lutter
Et qu'un orchestre entier s'apprête à résister !
Le songeur, absorbé dans son rêve, s'oublie ;
La phrase musicale ou s'emporte, ou supplie,
Ou s'enfonce, éperdue, aux horizons lointains ;
Et la fugue s'acharne aux secrets des destins !
Dans cette chambre en deuil, l'impétueux génie
Épuise, sans compter, ses trésors d'harmonie ;
Et, tandis que pâlit et s'use le flambeau,
Avec un glas final il scelle le tombeau.
Adieu !... Le vide est fait ; adieu !... L'âme est partie !
Son grand front s'est penché, sa main s'est ralentie :
Une note, — un silence ; une note, — la mort.

Mais, soudain, dans la nuit cette note qui dort
Se réveille, et du fond de cet obscur silence, —
Ainsi qu'un blanc rayon du matin qui s'élance,
Et rend à l'univers ébloui sa clarté, —
Un chant s'élève, un chant d'une suavité

Que ne connut jamais une oreille mortelle.
Qui donc parlait d'adieu? La mort, où donc est-elle?...
Ah! réveil lumineux et tendre! chant divin
D'allégresse, où l'espoir s'épanouit enfin!
La gamme affirme et croit; le son prouve et console.
C'est le calme, et la paix, et la grande parole,
Et le concert sacré qui ravit les élus.
Femme, ne maudis plus! Mère, ne pleure plus!
Ce que la tombe enferme est néant et poussière :
Entends-tu l'âme fuir de sa larve grossière?...
Sous ses doigts enflammés entr'ouvrant le ciel bleu,
Le sublime inspiré la conduit jusqu'à Dieu!

Cette fois, tout est dit. L'ardente symphonie
S'achève, en des dessins de douceur infinie,
Sur un dernier accord — qui s'éteint aussitôt...

Alors, Beethoven, grave et sans dire un seul mot,
Osant tourner à peine un regard sur la femme
Dont il avait sondé la plaie, et pansé l'âme,
Et traduit les douleurs qui lui gonflaient le sein,
Se leva, doucement ferma le clavecin;
D'une étreinte, pressa la main vers lui tendue;
Puis, — laissant cette mère à ses chants suspendue,
Ivre du ciel, l'esprit dans le monde inconnu,
— Il disparut sans bruit, comme il était venu.

EUGÈNE MANUEL.

SONATE N° 1

Fragments de *l'Adagio*

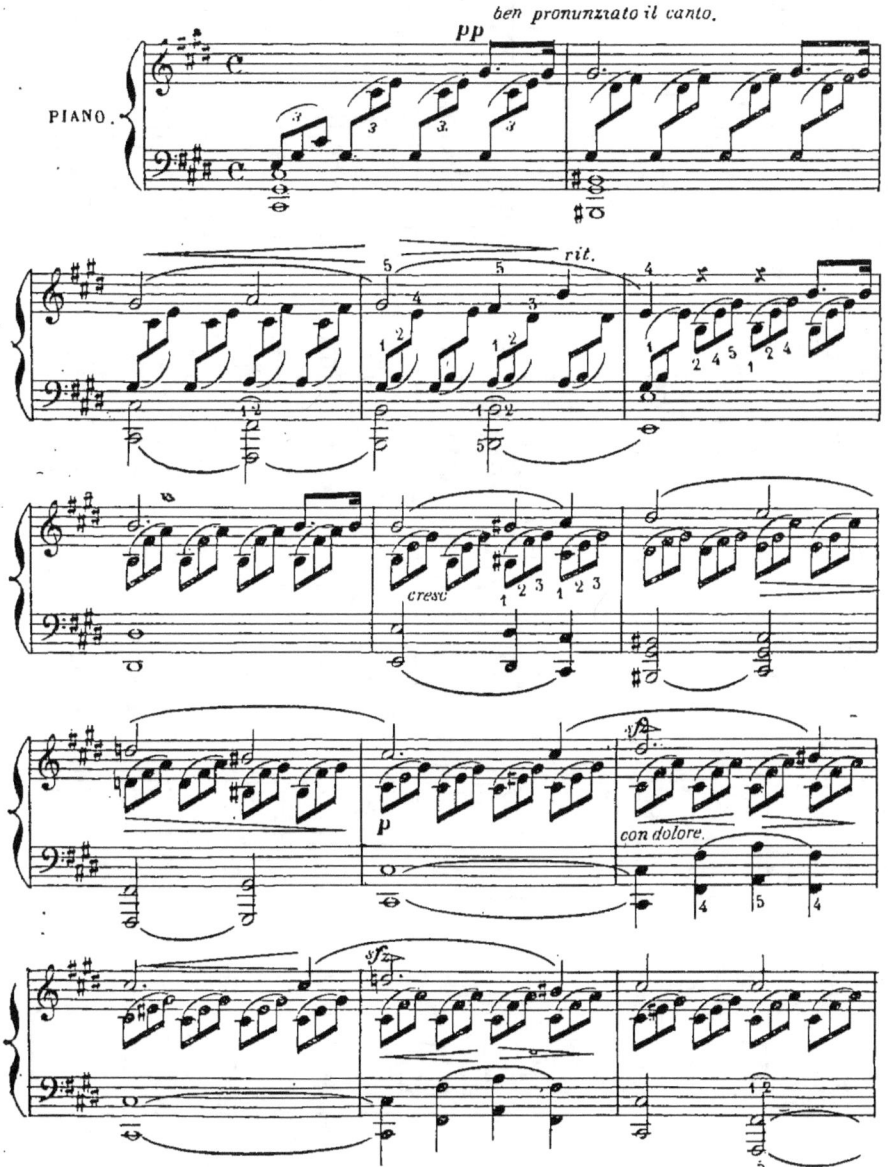

180   LÉGENDES DE L'ART

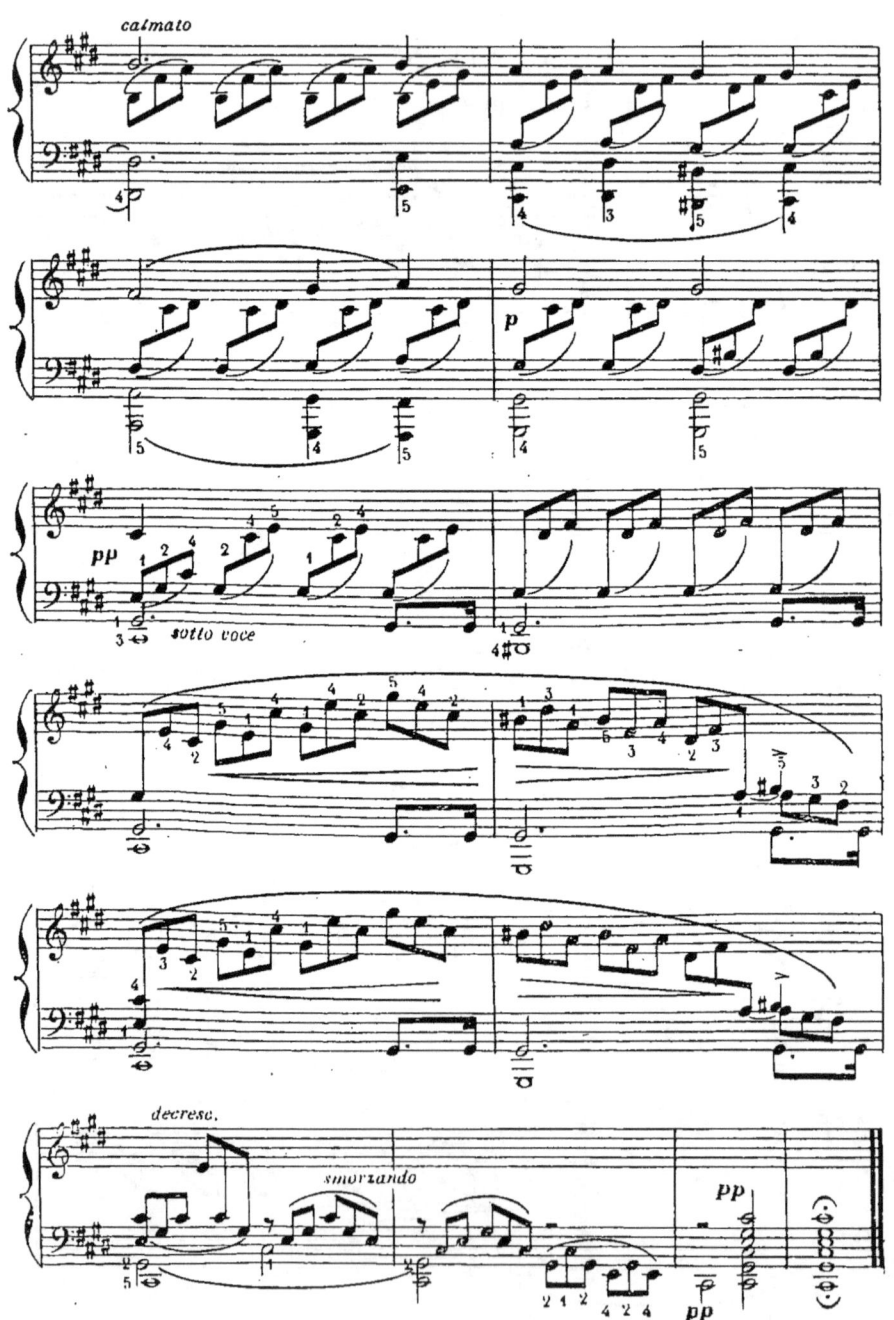

SYMPHONIE PASTORALE

Fin de l'orage et chant des bergers

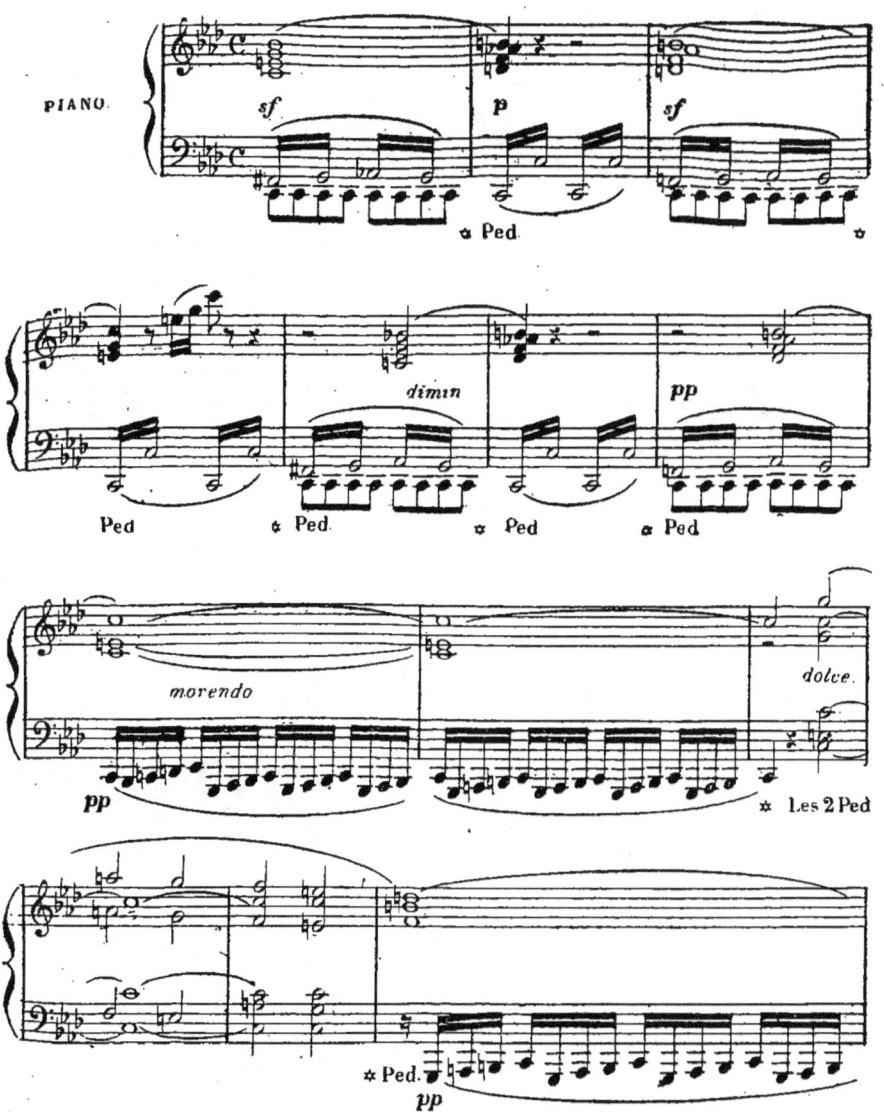

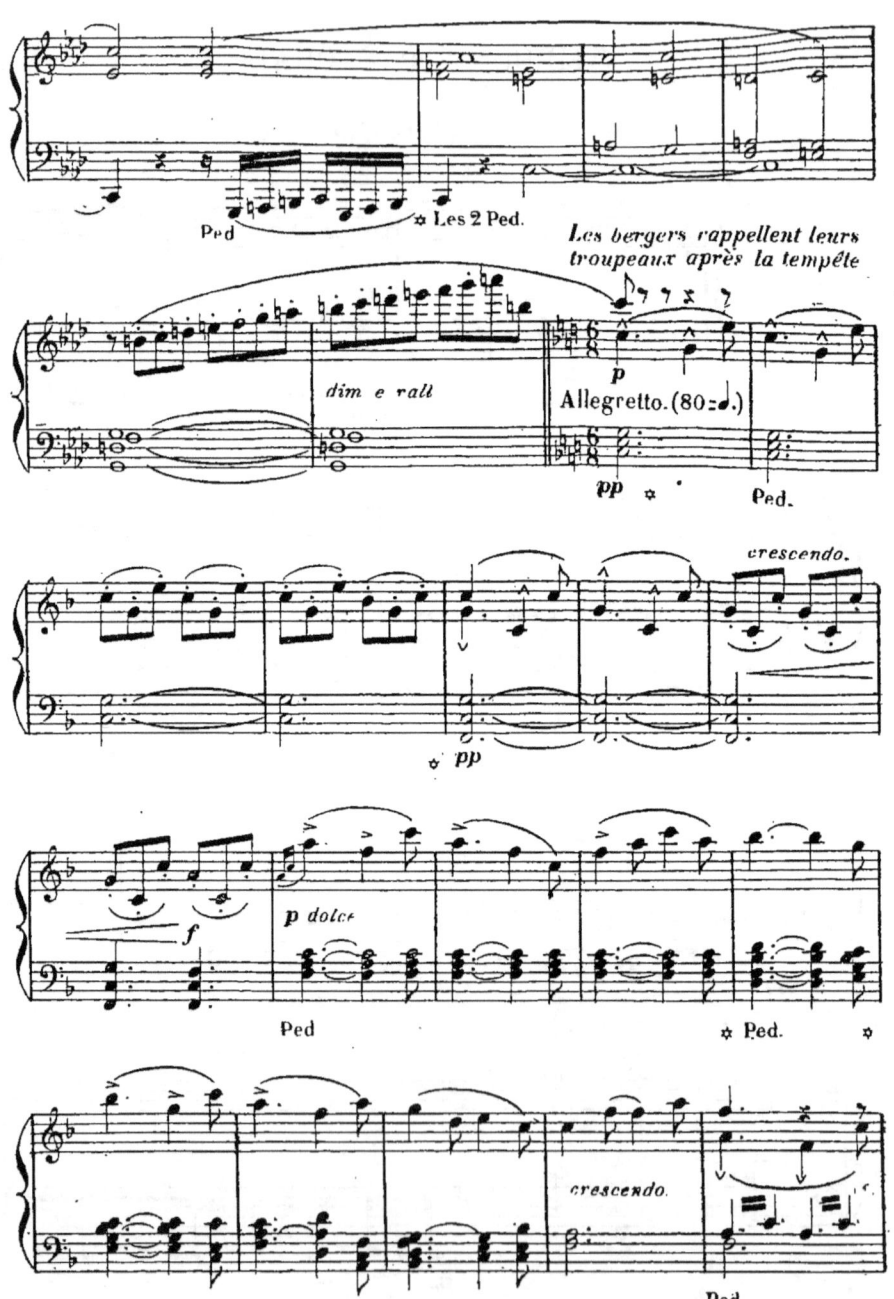

BEETHOVEN

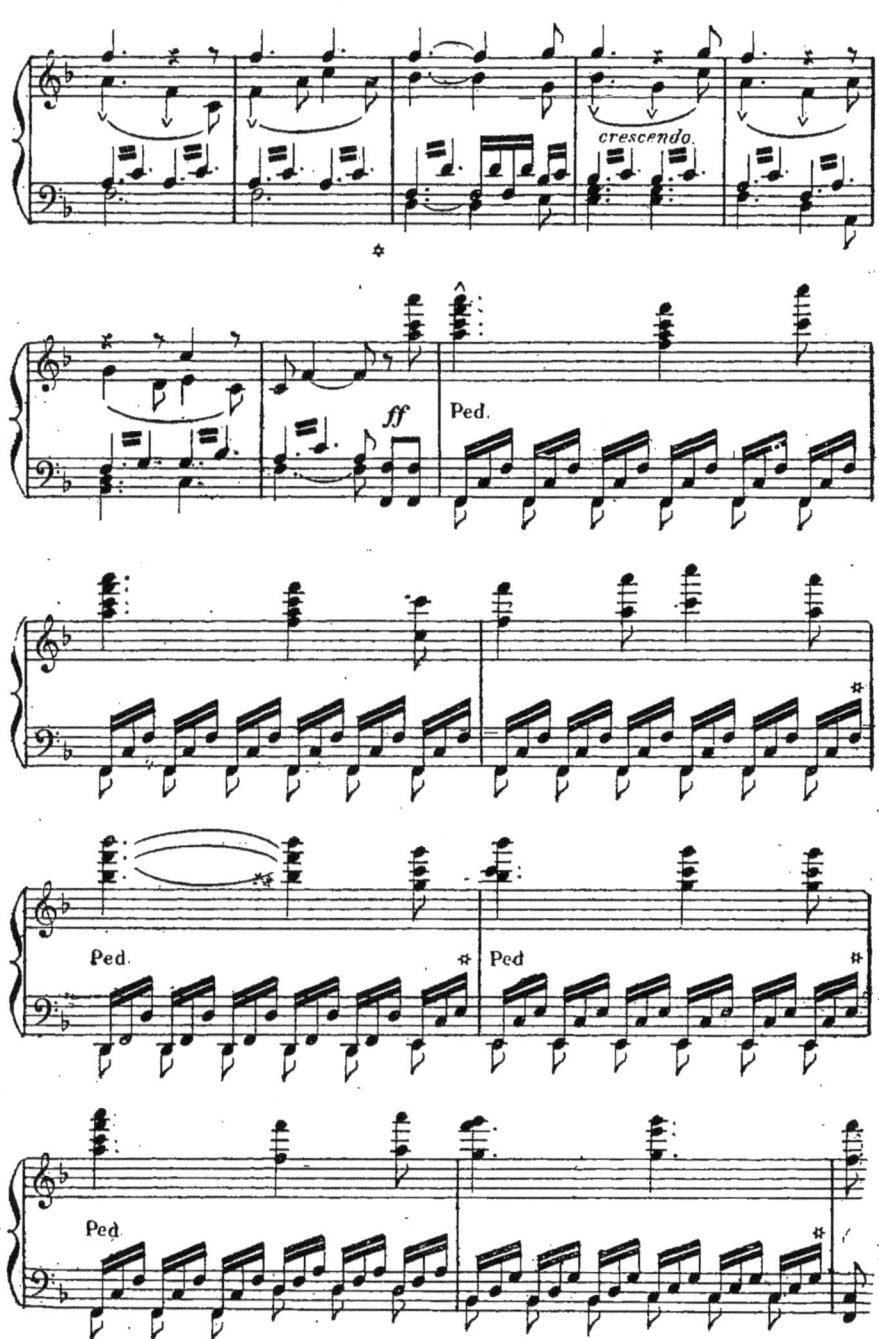

CHERUBINI

(1760-1842)

UNE MESSE CÉLÈBRE

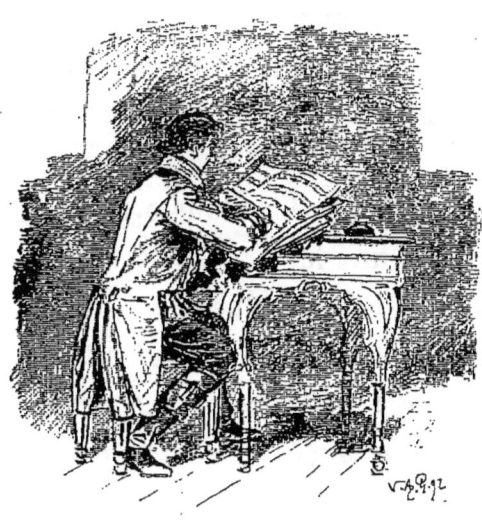

Le 8 septembre 1760, naissait, chez un professeur de musique de Florence, un enfant si chétif et si malingre qu'on désespérait de l'élever. On lui donna les noms de Marie-Louis-Charles-Zénobi-Salvator Cherubini; et ce frêle roseau devait voir son existence se prolonger jusqu'à l'âge de quatre-vingt-deux ans, et conserver la puissance créatrice du génie dans sa netteté, sa fraîcheur, sa force pendant toute cette extrême vieillesse.

Il n'avait pas six ans que son père lui donnait les premiers principes de la musique. A neuf ans, il prit des leçons d'harmonie et d'accompagnement, et ses progrès furent si rapides, qu'à l'âge de treize ans, il composait une première messe solennelle, suivie de plusieurs autres, divers chants pieux, un *Te Deum*, un *Oratorio* qui, exécutés dans l'église de Saint-Pierre, en sa ville natale, lui apportèrent les douceurs d'une gloire naissante.

Mais ce succès n'éblouit pas le jeune virtuose : une seule chose le préoccupe, c'est d'augmenter ses connaissances musicales par des études plus sévères.

Se confiant à la direction de Sarti, maître de chapelle de la cathédrale de Milan, qui avait pour lui des sentiments tout paternels, il se mit à étudier avec une conscience sans égale, et n'employa pas moins de onze années à prendre connaissance des lois de l'harmonie et de l'art d'écrire.

Tant de temps et d'étude mis au service d'une organisation si musicale peuvent donner une idée de la perfection absolue de la forme et du style à laquelle Chérubini devait atteindre. Ces sérieuses études se faisaient à Venise, à Mantoue et dans diverses villes de l'Italie, sans excepter sa ville natale, où certaines de ses productions commençaient à être appréciées.

Mais dès qu'il le pouvait, Cherubini rejoignait Sarti à titre d'écolier, alors que lui-même avait pris rang de maître. Le savant professeur lui faisait faire certaines parties de ses opéras et divers autres fragments qui figurèrent et figurent encore dans ses productions. On a toujours admiré et avec raison cette touchante confraternité du talent, amenant une si parfaite confiance chez le professeur et une si complète abnégation chez l'élève. Mais aussi cet élève, soumis à un si sérieux et sympathique apprentissage, devait-il acquérir une telle supériorité de savoir musical que, plus tard, Haydn lui-même, ce maître de l'harmonie, s'écriait en le pressant dans ses bras : « Mon ami, je suis bien vieux, mais je suis votre fils ! »

Enfin, après avoir laissé des traces de son génie dans un grand nombre de villes, Cherubini fut amené vers la France qu'il allait adopter pour seconde patrie.

A la création du Conservatoire de musique en 1795, Cherubini avait été nommé inspecteur des études avec des émoluments qui suffisaient à peine aux besoins d'une famille assez nombreuse.

A cette cause de préoccupation permanente, vint s'ajouter bientôt une tristesse qui ne cessait d'agir sur l'organisation nerveuse du dilettante : Napoléon, alors à la tête du gouvernement, ne l'aimait pas ; il trouvait sa musique trop bruyante, et manifestait une antipathie prononcée pour cet artiste dont le nom était révéré en Italie, en Angleterre, en Allemagne et même en France. On prétend que ce parti pris du futur empereur tenait à un petit fait fort anodin en soi :

Au retour de ses expéditions d'Italie, le général Bonaparte avait ordonné qu'on jouât devant lui, au Conservatoire de musique, une marche assez médiocre de Paisiello. La marche fut exécutée ; mais on eut le tort, paraît-il, d'y ajouter une cantate et une marche funèbre composées par Cherubini pour les funérailles du général Hoche, le pacificateur de la Vendée.

Le héros fut-il mécontent qu'on ne se soit pas borné à fêter sa seule gloire? On doit le supposer, car, s'approchant de Cherubini, il ne lui dit rien des morceaux qu'il venait d'entendre, et se prit à vanter le talent de Paisiello et de Zingarelli, les déclarant les premiers musiciens de l'époque.

« Passe encore pour Paisiello, répondit Cherubini, mais Zingarelli ! »

De ce jour, les deux grands hommes se sentirent antipathiques l'un à l'autre.

Cela ne devait faire qu'augmenter.

Dans une circonstance officielle, alors que le premier consul avait reçu aux Tuileries les délégations des établissements publics, Cherubini s'était trouvé faire partie de la délégation du Conservatoire en même temps que ses collègues. Il avait eu soin de se dissimuler derrière ces derniers pour échapper à une entrevue peu flatteuse.

« Je ne vois pas M. Cherubini, » dit le chef du pouvoir, en affectant de prononcer ce nom à la française. Le compositeur dut se montrer, mais il le fit sans souffler mot.

Quelques jours plus tard, il fut invité à dîner par ce même souverain qui, après le repas, se mit à arpenter le salon tout en entamant avec Cherubini une nouvelle conversation sur la musique, c'est-à-dire un nouvel éloge de Paisiello et de Zingarelli.

Cette fois encore, le grand artiste ne put dissimuler sa pensée ; et Napoléon, qui n'aimait pas à être contredit, s'écria :

« Je vous dis que j'aime beaucoup la musique de Paisiello : elle est douce et tranquille. Vous avez beaucoup de talent; mais vos accompagnements sont trop forts.

— Citoyen consul, je me suis conformé au goût des Français, répondit le Florentin.

— Votre musique fait trop de bruit ; parlez-moi de celle de Paisiello ; c'est celle-là qui me berce doucement.

— J'entends, répliqua Cherubini ; vous aimez la musique qui ne vous empêche pas de songer aux affaires de l'Etat. »

Cette réponse, pleine d'esprit, fit froncer le sourcil du conquérant, qui ne la pardonna pas.

L'oubli volontaire dans lequel on le laissait, et le peu de ressources qu'il trouvait dans la scène française pour l'existence des siens, décida Cherubini à accepter un engagement avantageux qui lui était offert pour écrire un opéra destiné au Théâtre-Impérial de Vienne.

Il partit au printemps de 1805 ; mais il avait à peine achevé la partition d'un opéra (*Faniska*) qui devait le faire déclarer par Haydn et Beethoven le *premier compositeur dramatique de son temps*, que la guerre éclata entre la France et l'Autriche. Les armées françaises envahirent Vienne, et la victoire d'Austerlitz forçait la cour de François II à s'éloigner.

Napoléon apprend que Cherubini est à Vienne, il le fait appeler :

« Puisque vous êtes ici, monsieur Cherubini, lui dit-il,

nous ferons de la musique ensemble ; vous dirigerez mes concerts. »

Il y eut en effet une douzaine de soirées musicales, après lesquelles une discussion s'engageait régulièrement entre le vainqueur et l'artiste, qui conservaient leurs opinions réciproques.

Après le départ des Français, *Faniska* fut représenté à Vienne avec un grand succes ; mais les malheurs de la guerre ayant plongé les Viennois dans la tristesse, l'engagement de Cherubini dut être rompu. Il revint en France où il retrouva toute la défaveur du souverain.

Et pourtant, le Conservatoire de Paris avait accueilli son retour par une fête improvisée et de nombreuses acclamations. Ses amis l'engagèrent à écrire un opéra spécial pour les Tuileries. Il suivit ce conseil, et bientôt une œuvre charmante, *Pygmalion*, était représentée devant l'orgueilleux empereur.

Une grande scène chantée par Crescentini, l'acteur italien le plus en renom, causa une si vive émotion à Napoléon qu'il demanda avec empressement le nom de l'auteur. En entendant dire Cherubini, il manifesta un certain étonnement, et ce fut tout : la situation du pauvre artiste n'en reçut aucune amélioration.

Alors, un découragement profond envahit cette âme pourtant si élevée. Une affection nerveuse, dont il avait déjà éprouvé quelque atteinte, vint le plonger dans une sombre mélancolie. Il s'imaginait que sa carrière artistique était terminée, qu'il ne devait plus rien composer, et il se mit à étudier la botanique, avec une véritable passion, il herborisait et dessinait des plantes, et ne voulait plus s'occuper absolument que de cette science conforme d'ailleurs à son esprit de méthode et de classification.

Une circonstance imprévue vint le rendre à l'art, et révéler en lui un nouveau genre de talent qui allait devenir son plus beau titre de gloire.

Auber, le futur auteur de la *Muette de Portici*, qui était à la fois l'élève et l'ami de Cherubini, lui proposa de l'emmener avec lui à Chimay où il était attendu par le prince Joseph de Caraman et par sa femme, que le charme des manières, plus encore que sa beauté, a rendue célèbre. L'idée de vivre au plein air et de pouvoir herboriser le décida.

A Chimay, tout le monde était musicien ; Cherubini fut le seul qui ne voulut pas s'occuper de musique : il faisait un herbier, cela lui semblait suffisant.

Mais la fête de sainte Cécile approchait, et les maîtres du château désiraient qu'une messe en musique eût lieu dans la chapelle. Or, pour réaliser ce projet, une seule chose manquait, c'était précisément la musique. On eut recours à Cherubini ; mais au premier mot qu'on lui en dit, il répondit assez sèchement :

« Non, cela ne se peut pas. »

Personne au château n'insista dans la crainte de contrarier le maître ; mais la princesse fit mettre près de lui, sur la table même dont il se servait pour son herbier, du papier à musique, de l'encre et des plumes.

Le soir venu, chacun prit dans le salon ses habitudes

ordinaires sans paraître prendre garde à Cherubini que l'on avait laissé, au reste, dans la journée, se promener seul dans le parc, si préoccupé qu'il en avait négligé son excursion de botanique quotidienne.

Bientôt on le vit s'asseoir à sa table près de la cheminée, tourner et retourner le papier à musique, y tracer silencieusement de grandes barres de mesure, puis y mettre des notes, sans même s'approcher du piano.

Le lendemain, il ne descendit pas de sa chambre avant l'heure du dîner, la princesse avait recommandé qu'on ne le dérangeât pas.

Après peu de jours passés ainsi, le maëstro appela Auber au piano, lui fit déchiffrer la partition d'un *Kyrie* à trois voix avec orchestre. Il confiait la partie de soprano à la princesse, donnait la basse au prince et se réservait la partie de ténor.

C'était le premier morceau de la messe en *Fa* devenue depuis si universellement célèbre.

Des exclamations admiratives saluèrent l'audition de ce chant auquel Cherubini s'empressa d'ajouter le *Gloria*, dont la beauté n'est pas moins grande, tant comme originalité de forme que comme qualité de style.

L'artiste avait dû, pour cet ouvrage, se renfermer dans la limite des ressources qu'offrait Chimay, c'est pour cette raison qu'il avait composé sa messe à trois voix. De même, dans l'orchestration, il n'emploie avec les instruments à cordes qu'une flûte, un basson, deux clarinettes et des cors, parce qu'il n'y avait pas autre chose dans le pays; et c'est avec ces faibles moyens que le génie du maître obtient les plus beaux effets de la musique moderne.

Ces deux premiers morceaux furent seuls terminés pour le jour indiqué, Cherubini fit le *Credo* et la fin de la messe à son retour à Paris. Mais elle avait été destinée à Chimay, c'est Chimay qui en eut la primeur. Les meilleurs chanteurs et les plus célèbres instrumentistes d'alors s'étaient rendus à l'hôtel du prince.

On remarquait parmi les violons de l'orchestre : Kreutzer, Baillot, Libon, Rode, Mazas, Grasset, Habeneck, etc.; la partie de violoncelle était tenue par Lamare, Levasseur, Baudiot, Norblin et Duport; Tulou jouait la flûte, Delcambre, le basson, Lefèvre et Dacosta, les clarinettes, Domnich et Fréderic Duvernoy, les cors...

« Je n'oublierai jamais, dit un témoin oculaire et auriculaire, l'effet que produisit ce bel ouvrage avec de tels interprètes. Toutes les célébrités, en quelque genre que ce fût, assistaient à cette soirée où la gloire du grand compositeur brilla de son éclat le plus vif. Pendant l'intervalle qu'il y eut entre le *Gloria* et le *Credo*, des groupes se formèrent dans les salons, et tout le monde exprima une admiration sans réserve pour cette composition d'un genre nouveau où Cherubini s'était placé au-dessus de tous les musiciens qui avaient écrit jusqu'alors dans le style d'église concerté. La réunion des beautés sévères de la fugue et du contrepoint, avec l'expression d'un caractère dramatique et la richesse des effets d'instrumentation, met ici le génie de Cherubini hors de pair. »

Le succès qu'obtint dans toute l'Europe cette messe célèbre, détermina son auteur à en produire beaucoup d'autres. La chute de l'Empire, en faisant cesser l'espèce de proscription qui avait pesé jusqu'alors sur Cherubini, lui fournit des occasions fréquentes de déployer son génie en ce genre. Il y atteignit l'apogée du sublime.

« C'est de l'or, que votre messe ! » lui dit un jour Hummel qui, quoique grand musicien, était fort amateur de ce métal, et, pour cela même, ne croyait pas pouvoir faire un meilleur éloge.

De cet or, Cherubini en produisit jusqu'à la fin de sa vie, et, alors que l'âge avait affaibli son corps débile, sa lyre harmonieuse vibrait encore, et la main tremblante du maître transcrivait les émanations d'une pensée toujours jeune.

De Grandmaison.

AGNUS DEI
DE LA MESSE EN FA
Composée pour la Fête de sainte Cécile

PAR CHERUBINI

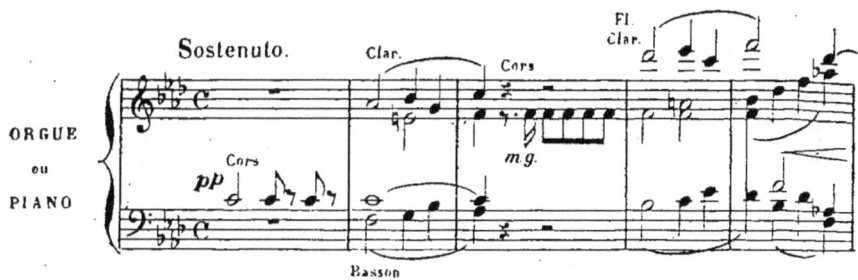

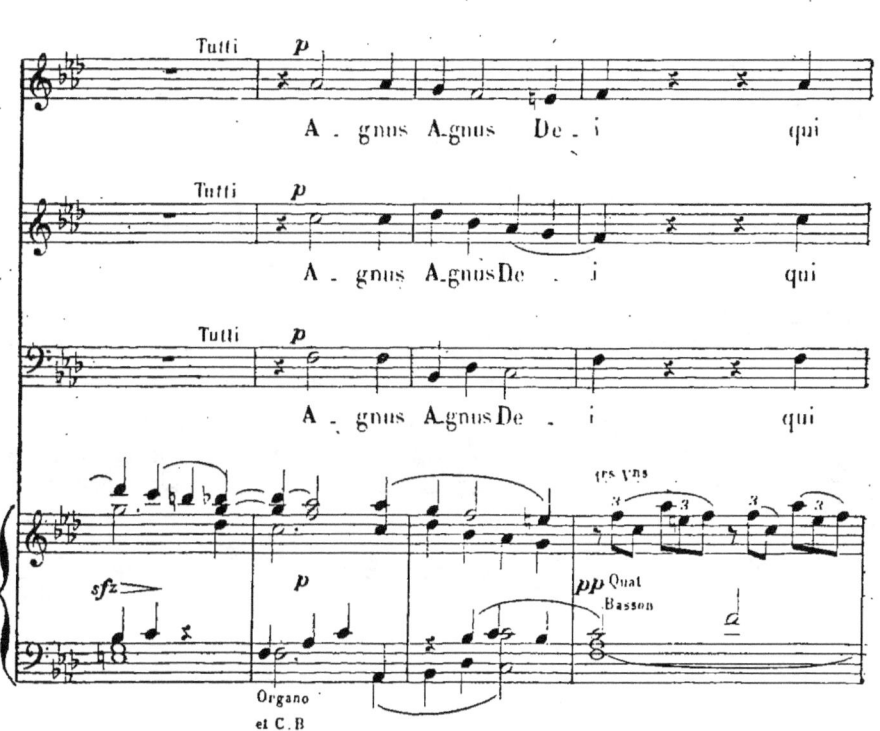

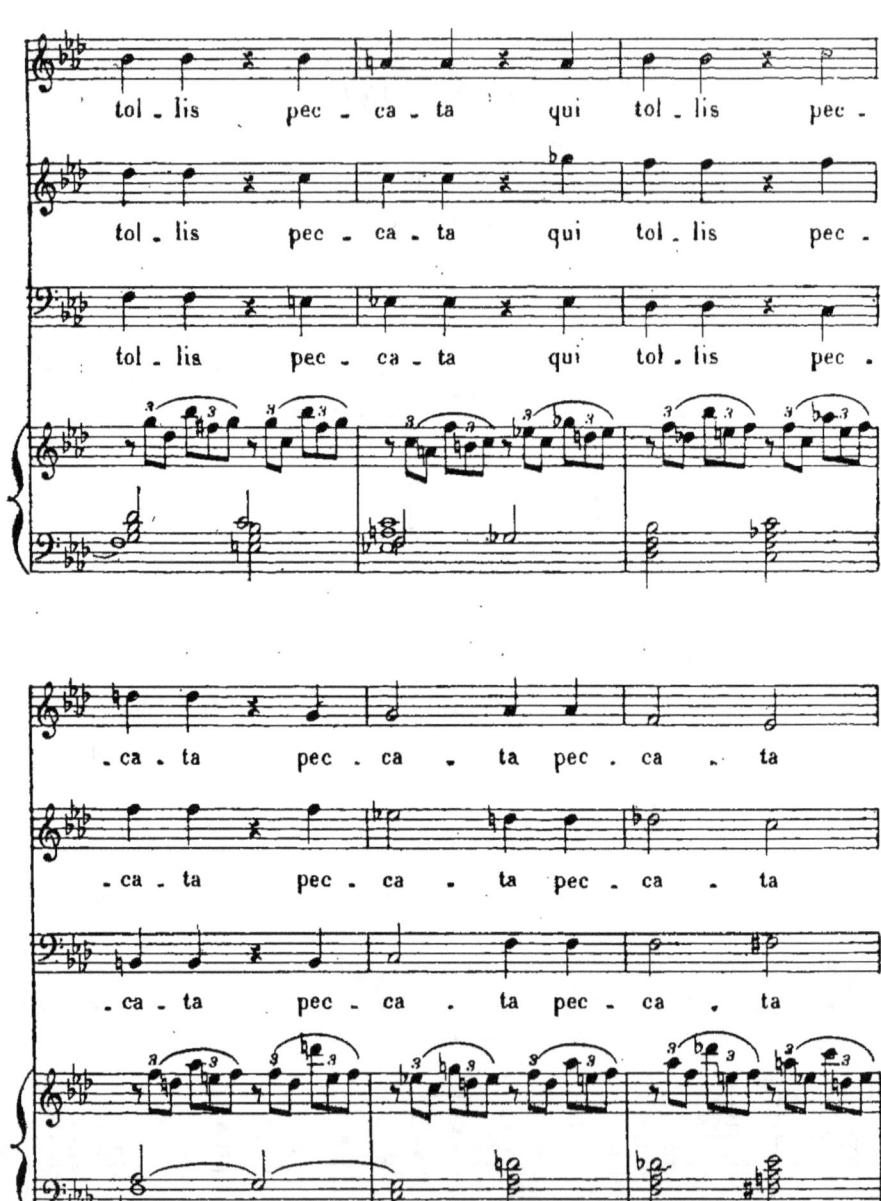

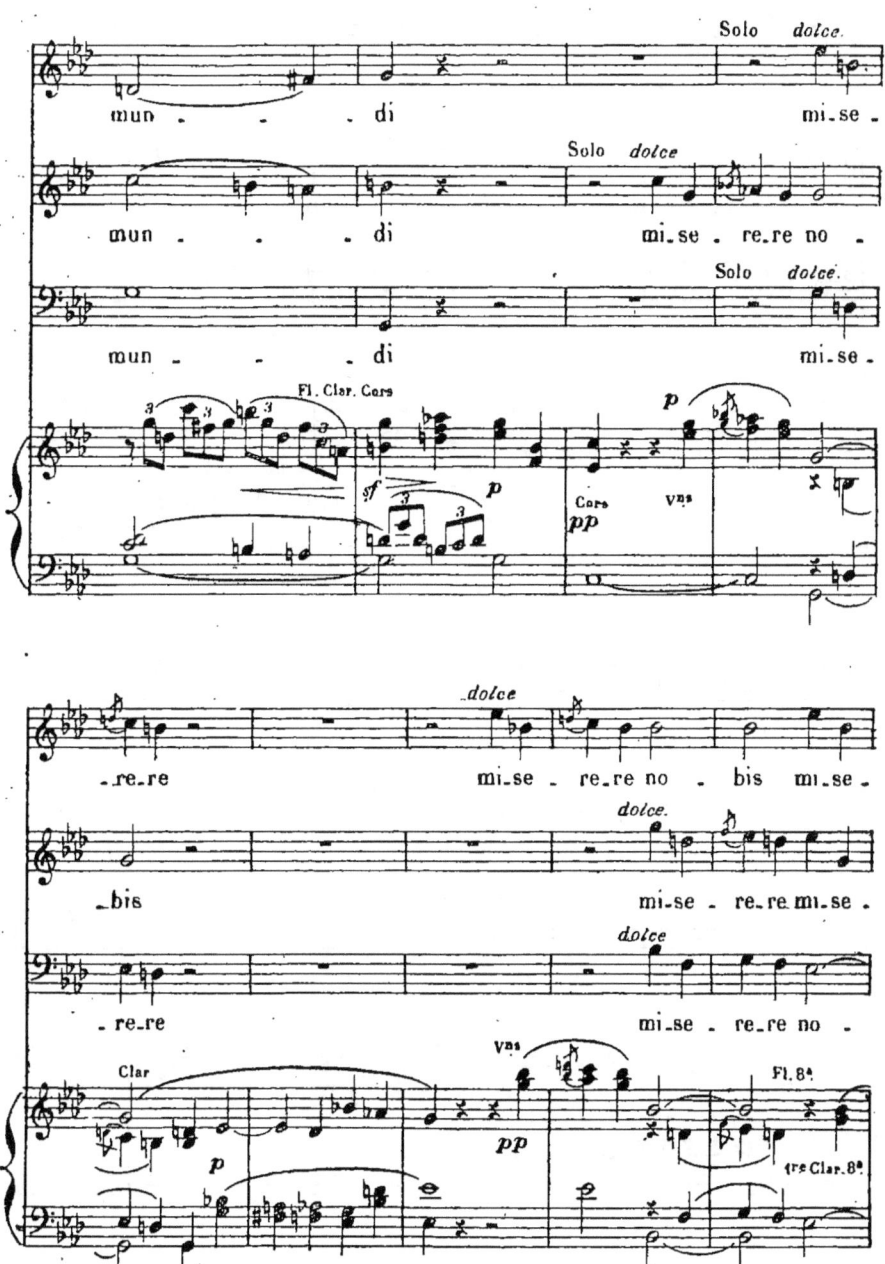

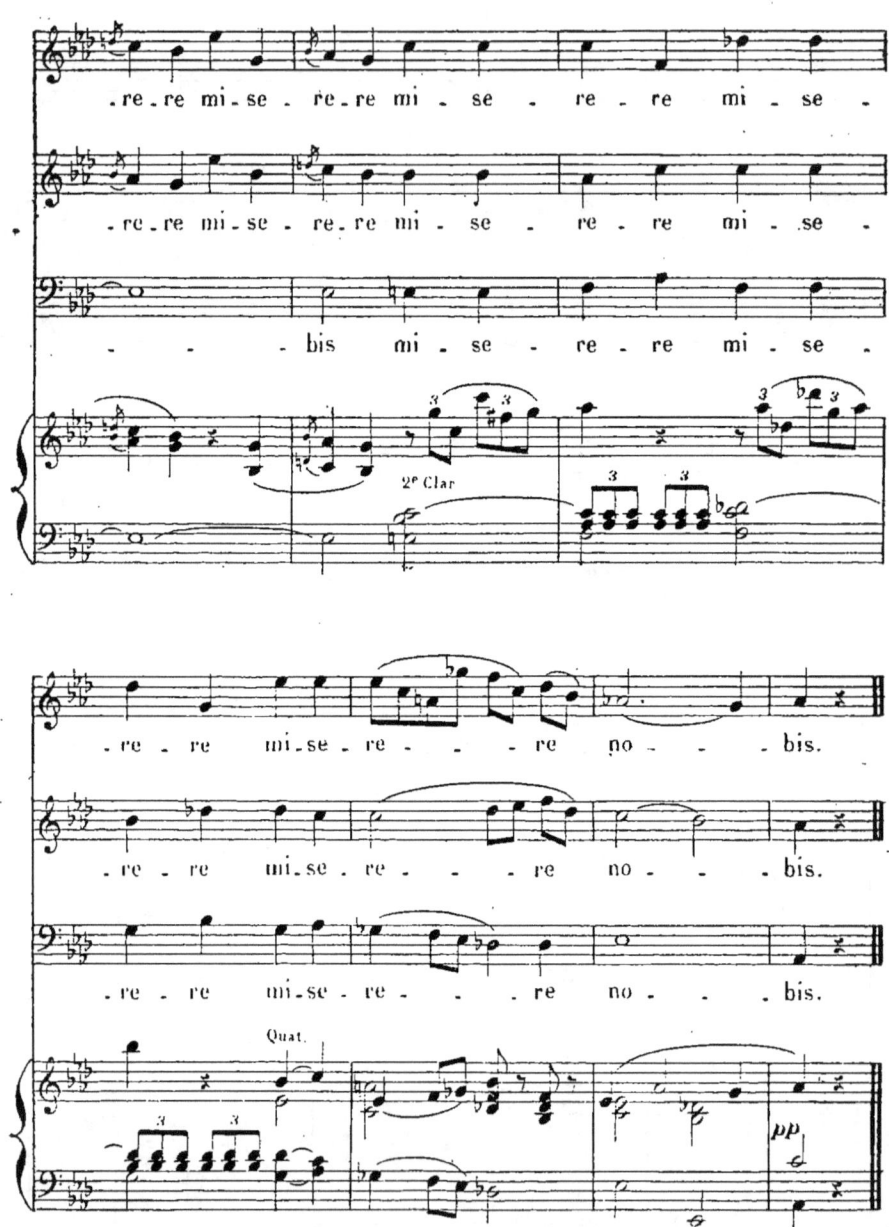

ROSSINI

(1792-1868)

ROSSINI

L'ARIA DEI RIZI ET LE BARBIER DE SÉVILLE

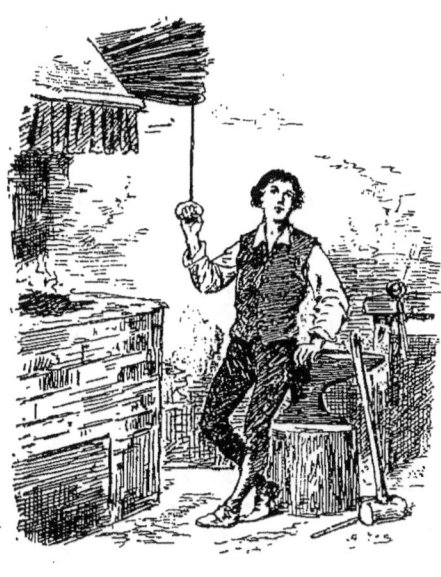

— Voilà encore que tu pleures, *povera mamma!* (pauvre maman), et tu vas faire pleurer aussi ton *piccolo* (petit) *Gioacchino.*

— Non! non! *bambino!* l'enfance n'est pas faite pour les larmes ; et si tu pleurais tu augmenterais encore ma peine ; car il me va falloir te quitter.

— Oh! mais je ne veux pas me séparer de *mia carissima mamma* (ma très chère maman), et *babbo* (papa) ne le voudra pas non plus.

— Ah! ton pauvre père, s'il était ici, sans doute, nous n'aurions pas besoin de nous séparer.

— *Eh bien! pourquoi il ne vient pas?*

— Parce que de méchantes gens le tiennent enfermé.

— Pourquoi nous n'allons pas lui ouvrir la porte ? On ne doit pas enfermer un *tubatore* (trompette de ville), puisqu'il peut avoir besoin à tout instant d'annoncer quelque événement nouveau.

— Ce qu'on ne devait pas faire, on l'a fait, *bambino*, et nous n'y pouvons rien, sauf nous mettre à travailler tous les deux pour ne pas mourir de faim.

— Oh ! ça ne serait pas une bonne mort ! fit l'enfant tout attristé ; puis il ajouta :

— Mais moi je sais mieux jouer que travailler.

— Cela se comprend, à ton âge, à six ans ! reprit la mère, pendant que de grosses larmes montaient encore dans ses beaux yeux si doux.

— Oh non ! non ! s'écria l'enfant, je ferai tout ce qu'il faudra, *piccola mamma*, pour que tu ne recommences plus à pleurer.

Cette touchante conversation avait lieu en l'année 1798 à Pesaro, jolie ville italienne, située au milieu des plus riantes campagnes, entre Anna Guidarini, épouse de Giuseppe Rossini, et son fils, le jeune Joachim ou Gioacchino, comme ils disent, au delà des Alpes dans leur langue douce et suave.

Le pauvre Giuseppe, ou Joseph en français, était un simple inspecteur des boucheries ; mais il joignait à cela le titre de trompette de ville, annonçant à ses concitoyens les arrêtés municipaux, ou précédant les magistrats dans les cérémonies, en jouant de belles fanfares.

L'entrain et la vivacité de ce dilettante au petit pied lui

avaient concilié d'abord les sympathies de toute la population, qui lui avait donné le surnom de *il vivazza*.

Malheureusement, cette vivacité, Joseph Rossini la portait dans son langage, sa tête était chaude et lorsqu'en 1796, l'armée française, qui avait fait la campagne d'Italie, vint à Pesaro, elle y apportait quelques idées révolutionnaires qui furent vite adoptées par le *tubatore*.

Aussitôt le départ des Français, la bourgeoisie, d'accord avec les autorités de la ville, fit payer chèrement au petit fonctionnaire ses paroles imprudentes : on lui retira son emploi et on l'envoya en prison pour l'apprendre à réfléchir.

C'était plonger dans la misère sa pauvre femme et son jeune enfant.

Mais, Anna Guidarini avait un caractère énergique que soutenait encore un profond amour maternel Après avoir pleuré, elle se dit qu'il fallait agir : elle avait été très belle et possédait encore une voix remarquable bien que manquant d'étude. Elle alla s'engager dans un théâtre de Bologne, puis ensuite dans une troupe ambulante qui parcourait l'Italie, et arriva de cette façon à gagner sa subsistance et celle de son enfant.

Ce dernier était trop petit pour pouvoir la suivre dans toutes ses pérégrinations : elle le mit en pension chez un charcutier de Bologne, en même temps qu'elle recommandait de lui donner une certaine instruction.

Quand le *tubatore* fut rendu à la liberté, il alla rejoindre sa femme, pour faire sa partie d'orchestre, comme premier cor, dans les opéras forains où brillait la diva.

Pendant ce temps, le jeune Joachim, doué d'autant de légèreté d'esprit que d'intelligence, ne faisait aucun progrès. Après deux ans de leçons, son père, qui était venu le voir au retour d'une de ses excursions dramatiques, découvrit avec stupéfaction que son fils ne savait encore ni lire ni écrire, et que même son professeur de piano, un certain Prinetti, avait fort à se plaindre de sa paresse.

Prinetti ne disait pas alors qu'il n'exerçait son élève qu'à jouer de l'épinette avec deux doigts.

Quoi qu'il en soit, Joseph Rossini fut si mécontent de son fils que, pour le punir, il le mit en apprentissage chez un forgeron.

Le *povero Gioacchino*, qui avait à peine neuf ans, n'était pas de force à manier le marteau, on lui fit tirer la corde du soufflet de forge, « ce qui, dit-il plus tard plaisamment, était un moyen comme un autre de l'apprendre à jouer en mesure ».

Toutefois, ce châtiment dura peu, le coupable, touché surtout des larmes qu'il faisait verser, cette fois volontairement, à sa pauvre mère, pour laquelle il eut toujours une excessive tendresse, le coupable, disons-nous, revint à de meilleurs sentiments et promit de travailler sérieusement.

Cette promesse, le jeune Rossini devait la tenir; il se mit à l'étude avec une ardeur qui ne s'est plus jamais démentie, malgré la réputation de paresse qu'on essaya de lui faire par la suite.

Le petit souffleur de forge commença à étudier le chant

et l'accompagnement sous la direction d'un meilleur professeur, Angelo Tesei, qui, bientôt, lui fit chanter des solos de soprano dans les églises.

A la fin de la deuxième année de cette direction, Rossini était déjà grand lecteur à première vue et accompagnateur habile. L'accueil qu'on lui faisait dans les églises devint pour lui une petite ressource ; il recevait trois *paoli* (soit 1 fr. 50 par office ; et l'enfant était heureux de pouvoir offrir ce petit gain à sa mère qui, de nouveau, n'était pas heureuse, ayant dû quitter la scène à la suite d'une maladie dans laquelle elle avait perdu la voix.

L'enfant ne voulut pas se contenter de ces minces bénéfices ; il apprit seul à jouer du cor, pour pouvoir accompagner son père, et gagner ainsi quelques *paoli* de plus ; et il composa alors d'instinct de petits duos pour deux cors.

C'était le premier essai d'une de ces organisations musicales destinée à figurer parmi les plus complètes en même temps que l'expression d'un amour filial d'où devait découler plus tard cette pensée pleine de cœur :

« L'ingratitude chez les enfants des pauvres, qui, bien souvent, ont été obligés de vendre leur dernière pièce de linge pour les soigner, est la plus horrible monstruosité que je connaisse. »

Cependant les années avaient passé ; l'enfant était devenu adolescent et il avait étudié l'art du contrepoint sous le Père Stanislas Mattei du lycée de Bologne. On dit même qu'il goûtait peu cet enseignement assez aride, s'adressant plus à sa mémoire qu'à ses sentiments. Pourtant en l'année 1808, Rossini avait seize ans et le père Mattei, qui le regardait comme son meilleur élève, l'avait chargé d'écrire la cantate annuelle du lycée, tâche dont il s'acquitta avec honneur. Mais, peu de temps après, ce même professeur ayant eu l'imprudence de dire que les connaissances acquises jusqu'ici n'étaient suffisantes que pour la musique libre, qu'il fallait pour le style religieux un savoir plus étendu, Rossini s'écria :

— Que dites-vous, maître ? Quoi ! avec ce que j'ai appris jusqu'à ce jour, on peut écrire des opéras ?

— Sans doute.

— C'est assez ; je n'en veux pas savoir davantage, car se sont des opéras que je veux faire. »

De ce jour, en effet, le jeune virtuose cessa ses études scolastiques ; il les remplaça par une étude pratique des œuvres d'Haydn et de Mozart, qu'il disséqua pour ainsi dire par un travail savant d'analyse, et dont il finit par deviner les procédés artistiques pour lesquels il se passionna.

Le Père Mattei ne l'appelait plus que *Il Tedeschino* (le petit Allemand). Néanmoins, de cette étude laborieuse faite avec amour, Rossini dans sa verve féconde, son esprit intarissable, devait faire le plus merveilleux usage. Il allait être un maître non seulement par le talent supérieur qu'il déployait dans son imitation des génies qui l'avaient précédé ; mais encore et surtout par la transformation qu'il apportait à l'organisation musicale de sa patrie. Jusque-là, celle-ci n'avait goûté dans ses opéras qu'une mélodie pure et simple, Rossini lui montrerait une harmonie savante comme le seul complément d'une œuvre dramatique parfaite.

La première révélation de cette manière nouvelle fut

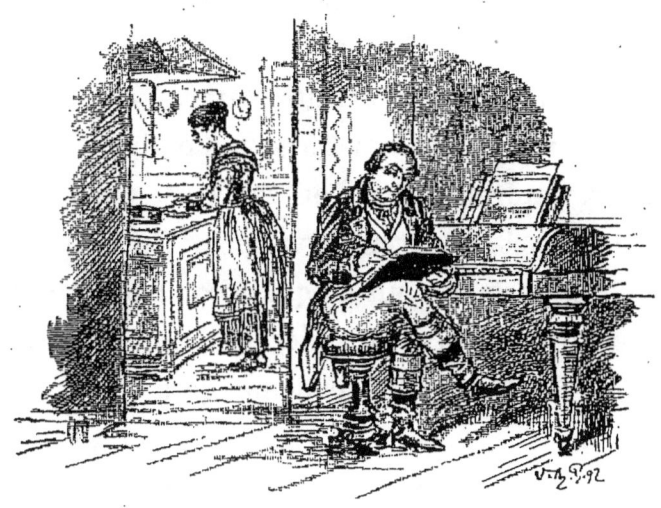

offerte par le maëstro dans l'opéra de *Tancrède*, qui devint un véritable événement pour le monde musical. L'Italie ignorait cette verve soutenue qu'accompagnait une instrumentation aussi riche que variée ; et, en moins de quatre ans, *Tancrède*, avec son ardeur belliqueuse et chevaleresque, avait fait le tour de l'Europe.

Plusieurs de ces airs étaient devenus populaires ; l'un d'eux entre autres, ayant pour titre *Di tanti palpiti*, que les Vénitiens ne cessèrent de nommer l'*Aria dei rizi* (l'air du riz), en souvenir de l'étonnante promptitude avec laquelle il avait été composé.

Le morceau écrit d'abord par l'auteur, pour peindre l'entrée de *Tancrède*, avait déplu à son interprète, la capricieuse Malanotti. Mais elle avait attendu la veille de la représentation pour réclamer une autre cavatine. Ce jour-là donc, Rossini rentrait chez lui ennuyé et quelque peu irrité ; déjà, il envoyait au diable *Tancrède* et ses exigences, lorsqu'on vint lui demander s'il fallait mettre le riz au feu.

Cette question qui peut paraître bizarre à ceux qui ne connaissent pas les coutumes de la Lombardie, devient parfaitement naturelle lorsqu'on sait que, dans ce pays, tous les dîners commencent invariablement par un plat de riz ; que ce mets est cuit en quatre ou cinq minutes, et qu'alors le cuisinier ou la cuisinière se garderaient bien de le mettre au feu sans en avoir demandé à leur maître un avis préalable.

— Eh ! mettez-le si vous voulez ! dit Rossini

Mais en même temps il saisissait une plume et du papier et, avant que le riz fut cuit, l'air *Di tanti palpiti* était créé ; et il devait exciter les enthousiasmes d'un public d'élite.

Cette rapidité fait partie de la façon de travailler de Rossini. Quelqu'un qui l'a connu prétend « qu'il composait n'importe où et sans être assujetti à telle ou telle condition préparatoire. Le matin ou le soir, seul ou au milieu d'une cohue d'amis, sur le coin d'une table d'auberge ou devant le piano criard d'une troupe de campagne et au sein du vacarme d'une répétition, en se réveillant sur le midi, ou bien avant de se coucher, à deux ou trois heures du matin, après une longue soirée de fatigue ou d'ennui, toujours et à toute heure il était prêt ».

On cite encore à l'appui de cette facilité un petit trait qui ne manque pas d'originalité.

Un matin d'hiver, Rossini travaillait dans son lit faute de feu ; il venait d'écrire un duo tout d'une inspiration et

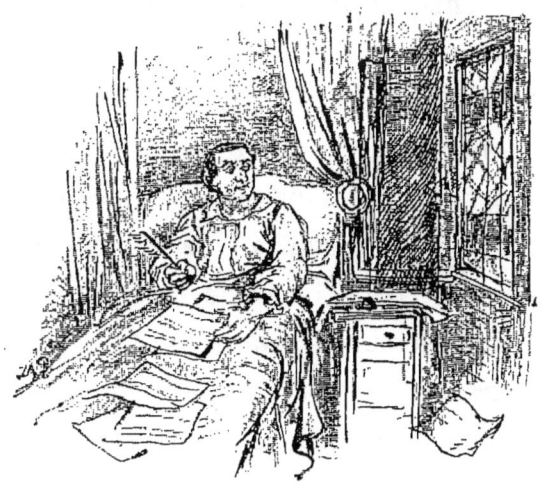

éloignait un peu la feuille de musique pour passer sans doute à un autre ordre de composition, lorsqu'il eut la maladresse de la laisser échapper de ses doigts. Le papier, qui n'était pas lourd, voltigea jusqu'au milieu de la chambre. Il faisait froid, Rossini ne voulut pas se lever pour aller le relever, il préféra écrire un autre duo ; et, le plus curieux de la chose, c'est que ce second duo ne ressemblait en rien au premier.

Est-ce cette anecdote, racontée par ses amis, qui donna au maître la réputation d'indolence dont nous parlions ? Ce ne peut être qu'une chose d'une futilité analogue !

Comment expliquer autrement qu'on eût osé prononcer le mot de paresse, en parlant d'un auteur qui composait six opéras dans une même année !

*
* *

Les villes de Venise et de Milan s'étaient pour ainsi dire partagé, pendant un certain temps, les succès des œuvres de Rossini ; Naples voulut avoir son tour. Le directeur d'un de ses théâtres, Barbaja, vint offrir au maître de l'engager pour sept ans, à raison de douze mille francs par an, sous la seule condition qu'il fournirait deux ouvrages chaque année et arrangerait pour la scène tous les opéras qu'il plairait au susdit directeur de monter.

Douze mille francs ! cela parut une fortune à un musicien habitué à courir de ville en ville sans un résultat assuré ; mais en réalité, c'en était une pour un directeur de théâtre qui s'attachait ainsi une souveraineté artistique.

Le grand compositeur avait déjà donné dans ces conditions neuf opéras, dont les héroïnes étaient représentées par Mlle Elisabeth Colbran, que Rossini devait épouser plus tard, et qui n'avait de goût que pour les grands rôles tragiques, lorsque, un jour, Barbaja vint proposer à son maëstro le libretto du *Barbier de Séville*.

— Mais la musique en existe, dit Rossini ; elle fut faite autrefois par Paisiello.

— Peu m'importe ! dit Barbaja, c'est par vous que je veux voir interpréter Figaro et Rosine.

— Ce rôle ne plaira pas à notre première chanteuse.

— Nous verrons bien !

Malgré cela, Rossini ne se mettait pas à l'œuvre; Barbaja revint à la charge :

— Vous savez, dit-il au compositeur, je vais vous mettre aux arrêts jusqu'à ce que j'aie ma pièce.

La menace fut-elle mise à exécution? Tous les biographes n'osent l'affirmer, mais toujours est-il que, douze jours après, ce chef-d'œuvre de grâce, de gaîté et d'esprit, qui a nom *le Barbier de Séville*, était écrit.

Barbaja prétendait le faire représenter à Rome, c'est-à-dire dans la ville même où l'œuvre de Paisiello avait été fort censurée d'abord, puis vivement applaudie.

On jugea bien téméraire à un auteur si jeune de venir se mettre en rivalité avec un aussi vieux maître que Paisiello, et l'actrice chargée alors de créer le premier rôle, parlant des dispositions du public dit que, dès l'ouverture du théâtre, d'ardents ennemis d'un côté se trouvaient à leur poste, tandis que de l'autre, de tièdes amis, peu prévenus par un précédent opéra de Rossini, assez insignifiant, ne s'apprêtaient que mollement à défendre l'œuvre nouvelle.

Pour compléter ces dispositions peu favorables, Rossini avait laissé l'acteur principal remplacer l'air qu'il devait chanter sous le balcon de Rosine, par une romance espagnole de sa façon. La scène se passant en Espagne, on avait facilement convaincu le maëstro que cela donnerait à la pièce une certaine couleur locale.

Cette romance nécessitait un accompagnement de guitare,

et l'on avait oublié d'accorder l'instrument. L'acteur le fit sur la scène, mais une corde cassa ; le chanteur fut obligé de la remettre. Alors, les rires, les sifflets commencèrent à se faire entendre sans égard pour le pauvre Rossini qui, selon l'usage, tenait le piano ; et le parterre se mit à fredonner des fioritures espagnoles.

La cavatine de Figaro suit l'introduction ; on voulut bien en écouter le prélude ; mais lorsque sur cet air, un autre acteur entra en scène portant une autre guitare, un fou rire s'empara des spectateurs, et la cabale fit tant et si bien par son vacarme que pas une note du ravissant morceau ne put être entendue.

La cantatrice elle-même, tant applaudie dans d'autres rôles, fut accueillie par une hilarité blessante dans celui de Rosine ; son duo avec Figaro fut sifflé d'un bout à l'autre, et il devint impossible de percevoir une seule phrase du finale.

Quand le rideau se baissa, Rossini, qui n'avait pourtant alors que vingt-cinq ans, se tourna vers le public, haussa les épaules et battit des mains. C'était afficher un mépris de l'opinion dont les spectateurs n'allaient pas tarder à se venger, en ne laissant pas jouer une note du second acte.

L'impassible Rossini sortit du théâtre avec le même calme que s'il s'était agi de l'œuvre d'un autre. Lorsque les chanteurs eurent quitté leurs costumes, ils s'empressèrent d'accourir à son domicile pour lui apporter quelque consolation de cette mésaventure. Ils le trouvèrent profondément endormi.

Le lendemain, le public, dont l'espèce de folie s'était apaisée, se dit qu'il fallait entendre l'œuvre au moins une fois avant de la condamner. Il daigna écouter, et fut alors frappé des beautés de tout ordre qui charmaient ses oreilles

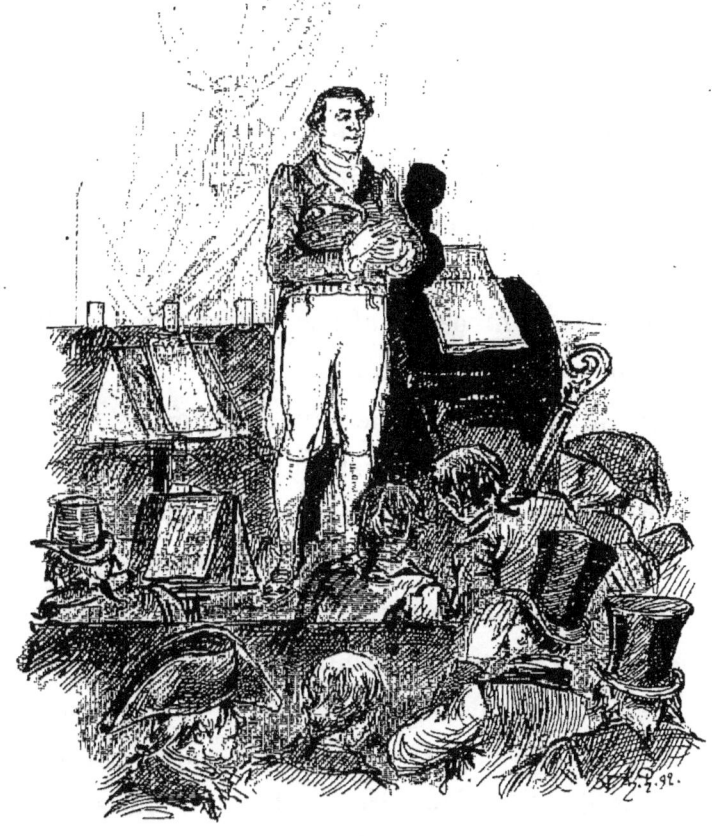

presque malgré lui. Bientôt les applaudissements seuls troublèrent le silence d'un auditoire attentif. Mais Rossini n'était pas là pour les recevoir ; il avait prétexté une indisposition pour se dispenser de paraître.

Une scene d'un nouveau genre l'attendait chez lui :

Couché et même endormi, il est tout à coup réveillé par un bruit étrange produit sous ses fenêtres ; il prête l'oreille ; plus de doute, on monte avec fracas l'escalier qui conduit à sa chambre.

« Eh quoi ! se dit-il avec une terreur involontaire, les partisans de Paisiello vont-ils me poursuivre jusque dans ma demeure ! »

Qu'on juge de sa surprise lorsque, au lieu des rivaux qu'il redoutait, il voit apparaître les visages amis des interprètes de sa musique : Garcia, Botticelli, Zamboni, qui venaient lui annoncer que l'ouvrage avait été « aux nues » et que les spectateurs emplissaient les abords de sa maison avec des flambeaux, afin de lui donner un témoignage sensible de leur admiration.

Les jours qui suivirent n'amenèrent pas moins de succès ; pendant bien des soirées, l'artiste fut reconduit à son logis en triomphe, à la lueur des torches, par ces mêmes Romains qui avaient eu contre lui un parti pris si cruel.

Toute l'Italie voulut connaitre cette œuvre si pleine de péripéties et son succès fut éclatant. La France aussi en réclama l'audition ; elle lui fut donnée, et l'enthousiasme que Paris manifesta devint si grand, qu'après la représentation, le public l'escorta jusque chez lui au son d'une magnifique sérénade, lui offrant pour le dimanche suivant un banquet de cent soixante couverts pendant lequel le grand tragédien Talma déclama des vers en son honneur.

Rossini d'ailleurs allait adopter la France pour seconde patrie ; c'est sur son sol hospitalier qu'il devait s'éteindre à l'âge de soixante-seize ans, après avoir donné encore au monde musical : *Moïse*, le *Comte Ory* et surtout *Guillaume Tell*, ce chef-d'œuvre des chefs-d'œuvre que, dans une école différente, on a pu mettre en parallèle avec le *Don Juan* de Mozart, cette perle, en un mot, qui est la plus brillante de son vaste écrin aussi merveilleux que varié.

Un savant appréciateur a dit du génie fécond de ce maître : « D'autres compositeurs peuvent être comparés à ces mineurs qui, la pioche à la main, arrachent des entrailles de la terre un métal précieux : Rossini est une source d'où s'écoulent toujours en abondance l'or et le diamant. »

De Grandmaison.

TANCREDI

OPÉRA DE ROSSINI

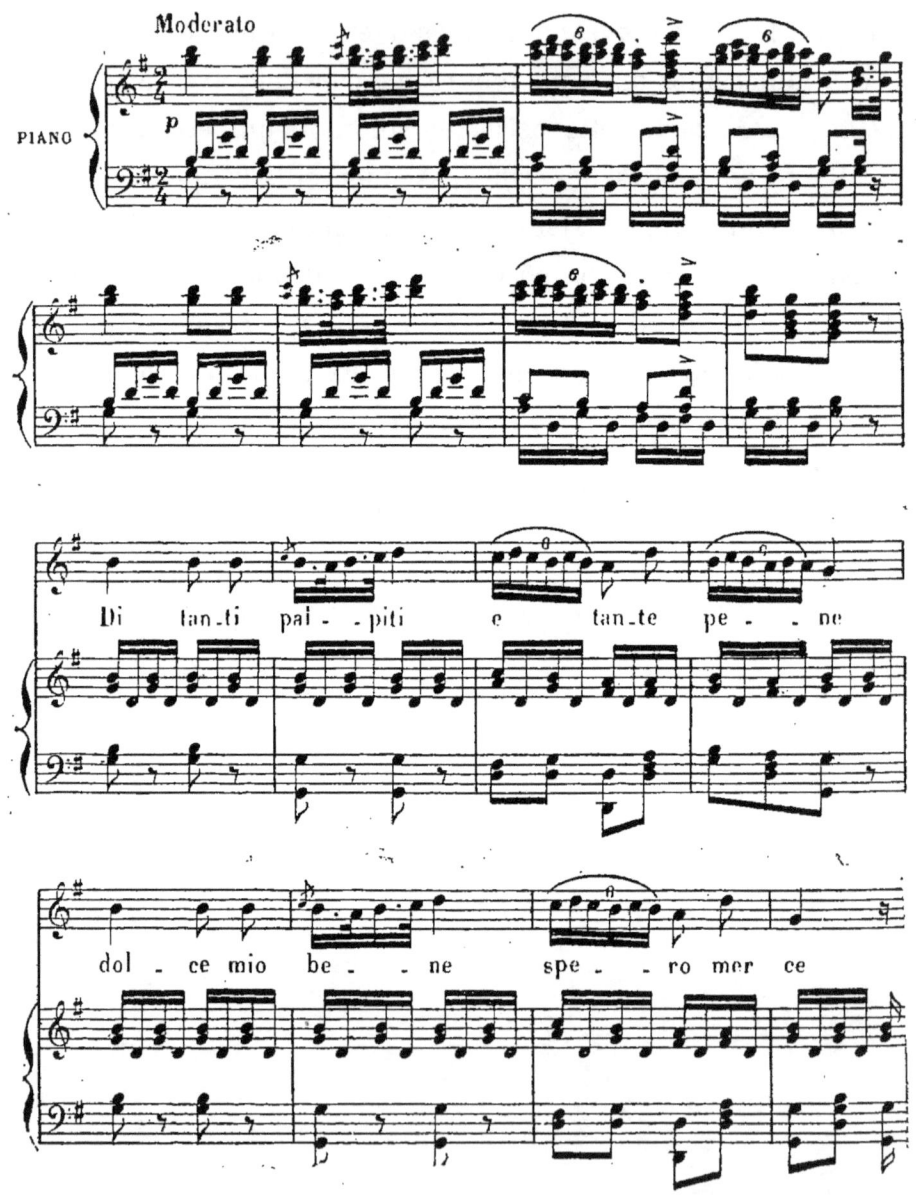

AUBER

(1782-1871)

AUBER

UN OPÉRA RÉVOLUTIONNAIRE

C'était le 25 août 1830, un mois après la révolution qui avait, en France, fait remplacer le roi Charles X par Louis-Philippe d'Orléans. Toute l'Europe paraissait avoir ressenti plus ou moins le contre-coup de ce mouvement. On allait voir la Pologne se soulever contre la Russie, l'Italie contre l'Autriche, au nom de l'indépendance nationale ; la Suisse réclamer l'égalité contre l'aristocratie ; l'Allemagne, l'Espagne, le Portugal revendiquer la liberté aux dépens de l'autorité absolue de leurs gouvernements. Il n'était pas jusqu'au petit pays de Belgique qui ne se fût senti des idées de rébellion contre le prince de la maison d'Orange, sous le sceptre duquel il s'était trouvé courbé, par une sorte d'annexion à la Hollande qui l'aidait à former le royaume des Pays-Bas.

Le Hollandais, peuple protestant, maritime et parlant flamand, était antipathique au plus haut point au Belge, catholique, industriel, et pratiquant l'idiome français. Aussi les politiques sérieux se demandaient-ils avec une certaine inquiétude combien une union de ce genre, imposée de force à la Belgique, pourrait être durable.

La situation en était à ce point, lorsque fut donné au théâtre de Bruxelles un opéra qui n'y avait pas encore été représenté.

Au premier abord, on ne voit pas bien quel rapport un opéra, qui est généralement chose de plaisir, peut avoir avec l'état politique d'un peuple ; et pourtant, voilà qu'au sortir de la représentation théâtrale du 25 août, tous les Bruxellois courent aux armes ; ils vont partout soulevant le peuple sur leur passage et déployant le drapeau tricolore brabançon, brûlant et saccageant les bureaux d'un organe ministériel, au nom de l'indépendance nationale, et en répétant un chant que vient de leur faire entendre la voix vibrante et chaude d'un artiste incomparable, qui avait nom Adolphe Nourrit.

Pourquoi cette ardeur effervescente, ce brûlant enthousiasme? Est-ce parce que l'œuvre contenait l'idée aussi heureuse que hardie d'avoir mis en scène une jeune fille muette, ce qui ne s'était jamais vu au théâtre? Mais il n'y avait là rien qui fut capable de transporter toute une salle et d'entraîner un peuple dans un mouvement révolutionnaire. Quant à la donnée proprement dite, elle paraissait assez simple : elle reposait sur l'élévation et la chute du pêcheur napolitain, Masaniello ; mais sur ce sujet, les auteurs du livret MM. Scribe et Germain Delavigne, et surtout le compositeur Daniel-Esprit Auber avaient fait un chef-d'œuvre de caractère et d'expression patriotique,

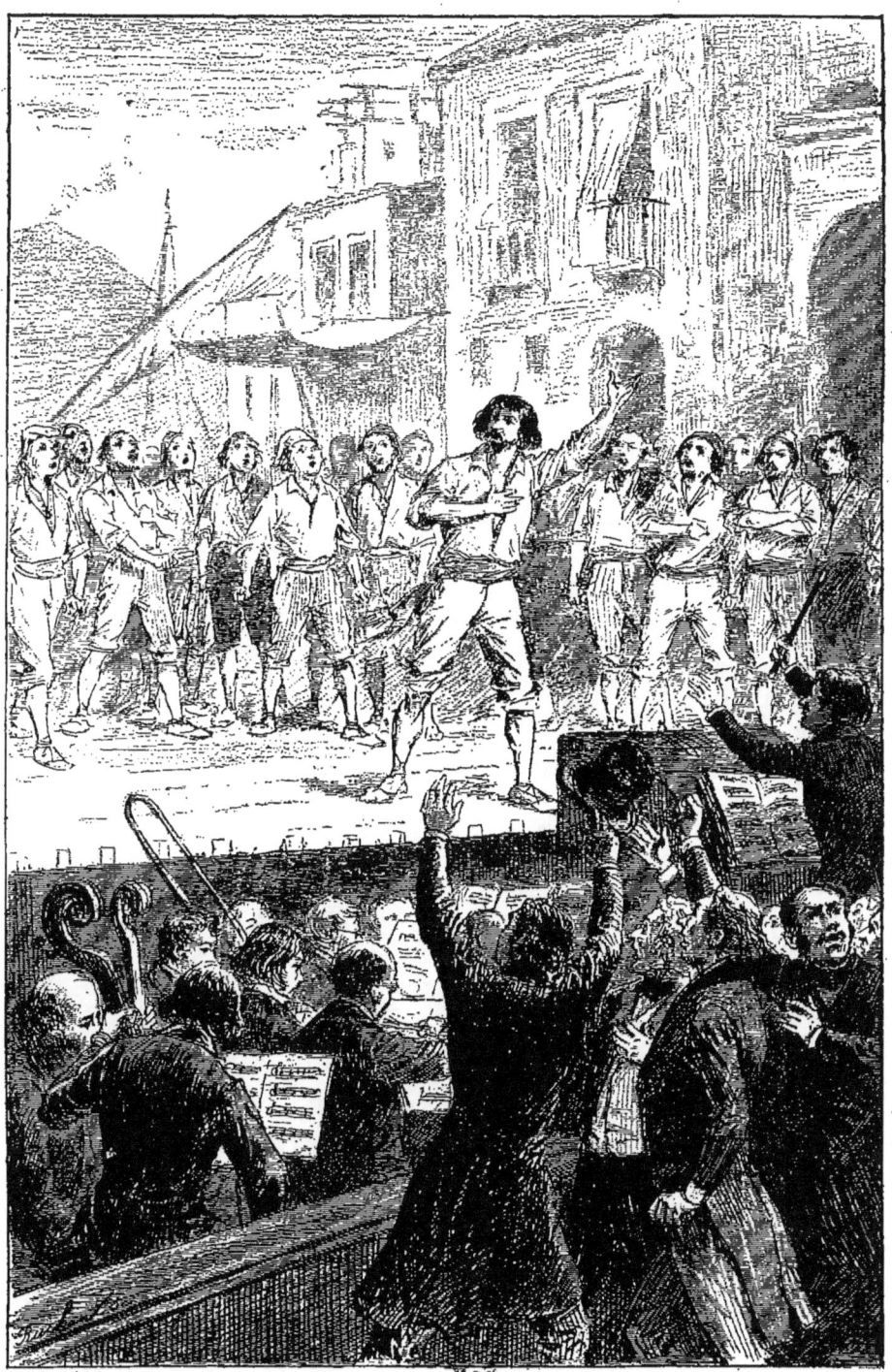

Amour Sacré de la patrie..... (p. 223).

devant lequel le cœur le moins enthousiaste ne pouvait demeurer froid.

Cette admirable émanation du génie humain qui est, comme on le voit, éminemment française, a pour titre : *La Muette de Portici*; et ce chant, que nul Français ne peut entendre encore sans un frémissement d'émotion, est celui qui contient cette strophe passionnée, où s'exalte la plus noble des causes :

> « Amour sacré de la patrie,
> « Rends-nous l'audace et la fierté ;
> « A mon pays je dois la vie,
> « Il me devra la liberté, »

A sa première audition sur notre grande scène nationale, en 1828, on avait écouté avec une sorte d'étonnement profond cette manifestation si nouvelle dans la manière d'Auber; puis on s'était trouvé comme électrisé par cette musique entraînante et, dès lors, pas une représentation n'avait eu lieu sans que tous les assistants ne reprissent en chœur ce chant patriotique d'une si puissante élévation, et auquel, en définitive, devait rester attaché l'honneur d'avoir provoqué le mouvement qui allait assurer l'affranchissement d'un pays voisin, parfois ami.

Certes, nul n'aurait soupçonné quelques années auparavant et alors qu'Auber, âgé déjà de plus de trente ans, commençait seulement sa carrière lyrique et dramatique; nul n'aurait soupçonné, dis-je, que sa nature placide, à l'aspect indifférent, fût capable d'une œuvre aussi palpitante.

Pourtant on savait que ce fils d'un commerçant aisé, destiné d'abord à la profession paternelle, s'était trouvé attiré vers la musique par un instinct irrésistible; mais il n'avait pendant longtemps manifesté sa vocation que dans un petit cercle d'amateurs et de gens de goût, à qui il faisait entendre quelques romances de sa composition, puis un peu de musique instrumentale.

Ce ne fut qu'après avoir suivi pendant un certain temps la direction de Cherubini qu'Auber se hasarda à essayer de la scène, mais son début dans le *Séjour militaire* fut accueilli froidement, et le compositeur eût sans aucun doute renoncé à toute autre tentative, si des revers de fortune n'étaient venus l'obliger à se créer une ressource, avec ce qui n'avait été jusqu'alors pour lui qu'une distraction et un agrément.

Ses amis l'engagèrent à tenter de nouveau les chances du théâtre; ils avaient remarqué tant de grâce, d'originalité et d'élégance dans plusieurs de ses mélodies, qu'il leur semblait impossible qu'il n'arrivât pas à se faire enfin apprécier.

Son premier succès fut la *Bergère châtelaine*, puis *Emma*, et quelques autres où brillait une nouveauté de style toujours élégante et distinguée.

Mais, vers cette époque, le règne de Rossini commençait à briller du plus vif éclat. L'immense succès des ouvrages du grand maître italien entraîna Auber, avec bien d'autres musiciens, à subir l'influence de cette vogue et à introduire dans ses compositions un peu de ce que l'on appelait alors les formules *rossiniennes*, en les adaptant aux exigences de la scène française. Il en fut ainsi dans *Leicester*, *la Neige*, *le Concert à la cour*, etc.

Bien que ces œuvres continssent en foule des morceaux délicieux, tout pleins de l'humour et de la finesse qui ont toujours caractérisé ce musicien, l'un des plus gracieux qui fût jamais, on n'y sentait plus dans l'ensemble ce cachet essentiellement personnel qui doit marquer toute création de mérite. Les admirateurs mêmes d'Auber lui en firent des reproches et, quant à ses détracteurs, ils l'accusèrent tout franchement de manquer de force, de vitalité, de passion, en un mot de cet élan vigoureux de l'âme qui seul constitue le génie.

Froissé par ces attaques, Auber résolut d'y répondre par une œuvre d'éclat; et c'est alors qu'il écrivit *la Muette de Portici* avec laquelle il conquit la gloire.

« Là se trouvent en effet, dit un juge compétent, des situations fortes, passionnées, rendues avec une élévation et une énergie admirables; des nuances que le compositeur a saisies avec une délicatesse exquise, déployant toutes les richesses d'un style varié à l'infini, toujours pur, toujours correct, et qui ne se ressent d'aucun emprunt. »

Ailleurs il est dit encore :

« La variété du rythme, l'originalité de l'harmonie, la vivacité constante et toute française de l'expression sont les qualités principales qui distinguent cette œuvre. »

Les airs, barcarolles, cavatines, prières, duos, chœurs, danses, orchestration, tout est caractéristique et conçu pour de puissants effets. Nul opéra peut-être, si l'on en excepte *Guillaume Tell*, ne contient des airs de ballets traités avec plus de grâce et d'élégante désinvolture. Tout, en un mot, concourt dans l'œuvre à ce succès qui fut prodigieux et que la vogue de plus d'un demi-siècle n'a pas suffi à épuiser.

Hâtons-nous d'ajouter que *la Muette de Portici* fut le seul opéra vraiment remarquable composé par Auber dans le style sérieux. Mais que de chefs-d'œuvre dans le genre plus léger marqua sa collaboration avec Scribe. Il suffirait de citer : *la Fiancée*, *Fra Diavolo*, *le Cheval de bronze*, *le Domino noir*, *Zanetta*, *les Diamants de la couronne*, *la Part du diable*, *la Sirène*, *Haydée*, pour évoquer tout un trésor de grâce, de gaîté, de souplesse, d'originalité piquante, de verve spirituelle et de charme séduisant. On sent qu'Auber est là dans son élément personnel, qu'il y déverse avec aisance toutes les richesses d'une imagination inépuisable. C'est un écrin merveilleux, où chaque bijou enchante, plus encore peut-être par la coquetterie qui rehausse l'éclat des pierres précieuses que par la valeur intrinsèque des pierres elles-mêmes.

Ecoutons l'opinion d'un maître, sur cet aimable charmeur des esprits gaulois, qui, à l'âge de quatre-vingt-six ans nous donnait encore : *le Premier jour de bonheur*, devenant, comme on l'a dit fort justement, le dernier jour de gloire de celui qui avait été le véritable chef de l'École française.

« Quelle que puisse être la valeur des réserves que l'on

veuille faire au sujet de l'influence exercée par Auber sur l'école nationale pendant un demi-siècle, on ne peut nier que ce musicien extrêmement remarquable et si essentiellement français ne tienne une place d'honneur dans les annales de l'art de son pays. A une fécondité rare, à une variété d'accents que quelques-uns ont vainement essayé de méconnaître, à un respect incontestable et trop peu commun de la langue dont il s'est servi pendant tant d'années, il joignait des qualités toutes personnelles et assez brillantes pour que celui qui les possédait occupe une place distinguée dans l'histoire de l'art. Cette place lui sera faite, on n'en saurait douter, et elle sera toute à l'honneur de la France qu'il a illustrée. »

Cependant l'artiste qui avait été exceptionnellement heureux pendant tout le cours d'une carrière également exceptionnelle devait mourir... de chagrin dans sa quatre-vingt-dixième année. Ce qui l'atteignit d'abord, ce fut la réorganisation du Conservatoire, qu'il dirigeait assez mal, dit-on, depuis la mort de Cherubini, c'est-à-dire depuis vingt-sept ans; et ensuite, et surtout, la guerre franco-allemande qui détruisait ses plus chères illusions en même temps que ses plus vieilles habitudes.

Aussitôt la déclaration de guerre, il s'était empressé de renvoyer au roi de Prusse les insignes de l'ordre de l'Aigle Rouge dont il était investi, comme une protestation de son patriotisme indigné.

Autre douleur : depuis cinquante ans Auber n'avait pour ainsi dire pas passé une journée sans faire, à cheval d'abord, et plus tard en voiture, sa promenade au bois de Boulogne, et, le soir, sa petite station, soit à l'Opéra, soit à l'Opéra-Comique. Quel affreux crève-cœur de rompre brusquement ainsi avec un passé si bien ancré dans sa vie !

De plus, l'artiste n'avait pas voulu quitter Paris pendant le siège ; et alors, non content d'abandonner ses chères promenades, il les voyait mutilées, détruites par le génie militaire ; et lui-même devait partager des privations doublement dures pour un vieillard de cet âge, habitué à toutes les douceurs d'une existence aisée. Pourtant il ne se plaignait pas ; mais il dépérissait. Pendant un certain temps il chercha à se consoler de la perte de ses verts ombrages en allant caresser les deux chevaux favoris qui le menaient au Bois d'ordinaire. C'étaient : *Almaviva* et *Figaro*, baptisés ainsi en souvenir du *Barbier de Séville*. Il leur parlait comme à de vieux amis, s'assurait si leur litière était suffisante, tremblant de les voir aussi manquer du nécessaire.

Hélas ! un plus triste sort les attendait : Almaviva fut un jour réquisitionné pour être envoyé à la boucherie, et on ne sauva Figaro de l'abattoir qu'en l'envoyant compléter l'attelage d'une charrette. Tristes retours des animaux comme des hommes !

Alors, l'artiste, qui avait souvent voulu afficher un certain scepticisme au sujet de la musique, qu'il feignait de ne pas aimer pour l'art lui-même, trouva dans la musique son unique consolateur. Pendant les longs jours d'effroi et de deuil, il composait des airs *sans paroles*, de la musique instrumentale de chambre, et l'on raconte que l'avant-veille même de sa mort, il dit à Wekerlin qui le visitait :

« Mon ami, je n'ai même plus la force de faire ma prière du matin. »

Cette « prière » était, paraît-il, une petite pièce de piano,

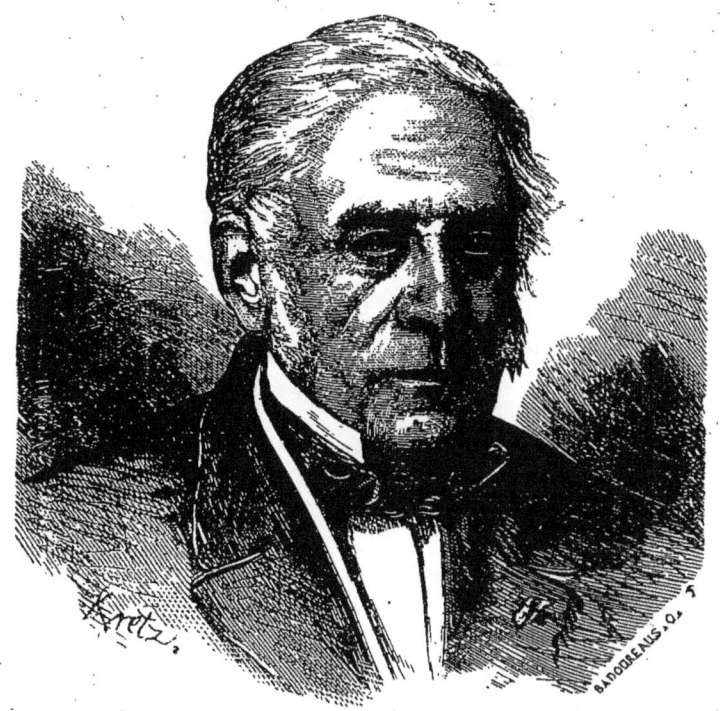

Auber.

un *andante* en *la bémol* composé par lui et qu'il avait **pris** l'habitude d'aller jouer à son piano chaque matin en **se** levant.

Deux jours après, on l'entendait encore au milieu du délire s'écrier :

« — Allez chercher le copiste... Mettez la pédale douce... »

Preuve évidente que son dédain pour l'art n'était qu'apparent et que son amour, au contraire, lui tenait au cœur autant que « l'Amour sacré de la patrie », qu'il professa noblement, après l'avoir exprimé d'une façon si vibrante.

Auber compte cinquante-trois ans de service actif dans la carrière musicale. Ses admirateurs, ceux que touche le légitime orgueil de nos gloires nationales, voulurent en 1882 célébrer le centenaire du grand homme ; et ce fut pour l'un de nos meilleurs poètes, M. Jules Barbier, l'occasion d'écrire sous le titre de *Hommage à Auber*, des vers émus dont nous voulons citer un extrait, qui semble une peinture en même temps qu'une exhortation :

De Grandmaison.

    Un sourire que voile une ombre d'ironie
    Le bon sens imposant une règle au génie,
    L'œil demi-clos sondant l'avenir entr'ouvert,
    Une âme toujours jeune en un corps toujours vert,
    Sous des cheveux blanchis l'impérissable grâce
    D'Anacréon unie à la verve d'Horace,
    Le respect de la forme en ses contours précis,
    L'amour de la clarté, l'horreur de l'indécis,
    Tels sont les traits du maître à qui la mort apporte,
    Loin d'amoindrir son œuvre, une sève plus forte,
    Et qu'à de nouveaux Dieux on peut bien immoler
    Sans que ces Dieux encor le puissent égaler.
    . . . .

    Cependant les cheveux flottant sur ses épaules,
    Relevant sa tunique et courant vers les saules,
    La muse dont Auber poursuit le pas léger
    Jette un cri de triomphe à l'écho bocager,

Se retourne pour voir si sa trace est suivie,
L'attire d'un regard, d'un soupir le convie,
Se cache pour chanter le chant dont il s'éprit,
Reparaît, fuit encor, se laisse attendre..... et rit!

  Salut, muse aimable et charmante!
  Garde-nous de l'épais brouillard;
  Tends vers nous cette main clémente
  Qui toucha le front du vieillard,
  Tu le sais, toi, que dans cette âme,
  Pour son pays couvait la flamme,
  Et qu'il mourut de ses malheurs!
  Gardienne de cette agonie,
  Ne permets pas qu'on calomnie
  Notre étendard et ses couleurs!

  L'art, dit-on n'a pas de patrie?...
  Mensonge!... Du fond du tombeau
  Cette voix s'élève et nous crie :
  « Moi!... moi!... Je porte le drapeau!... »

  Chaque peuple marque sa trace;
  Il est un sol pour chaque race
  Où les autres n'ont point d'accès;
  Soyons fidèles à nos gloires!
  Ne renions pas nos victoires!
  Fils de Français, soyons Français!

AMOUR SACRÉ DE LA PATRIE

OPÉRA DE F.-E. AUBER

Duo de *la Muette de Portici*

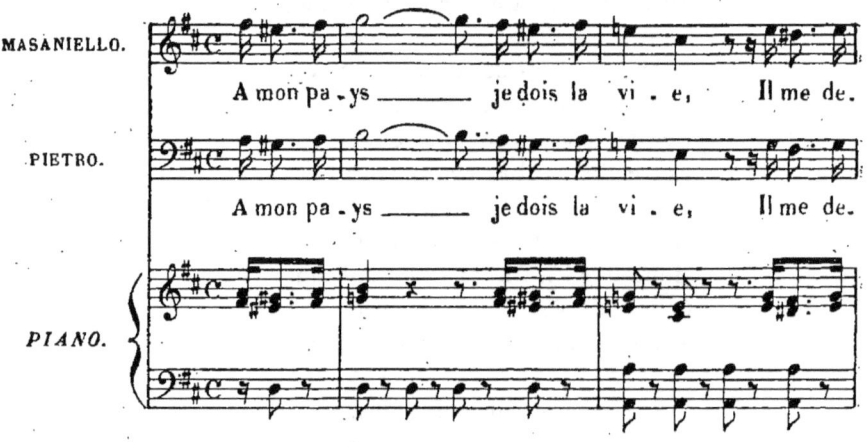

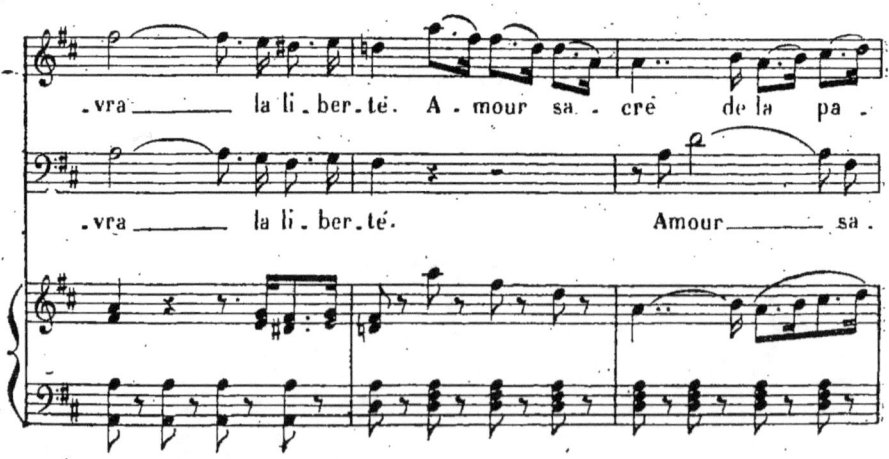

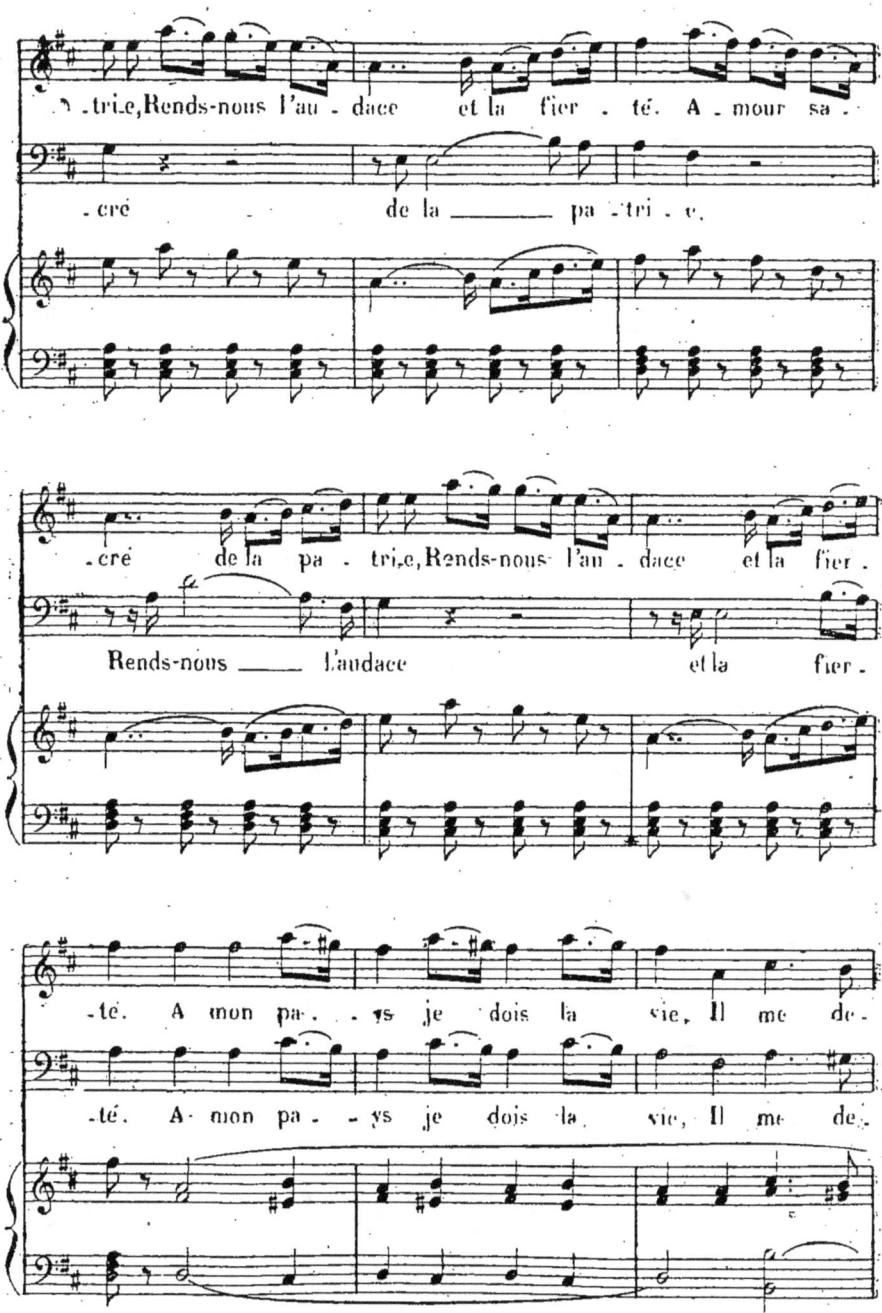

234 LÉGENDES DE L'ART

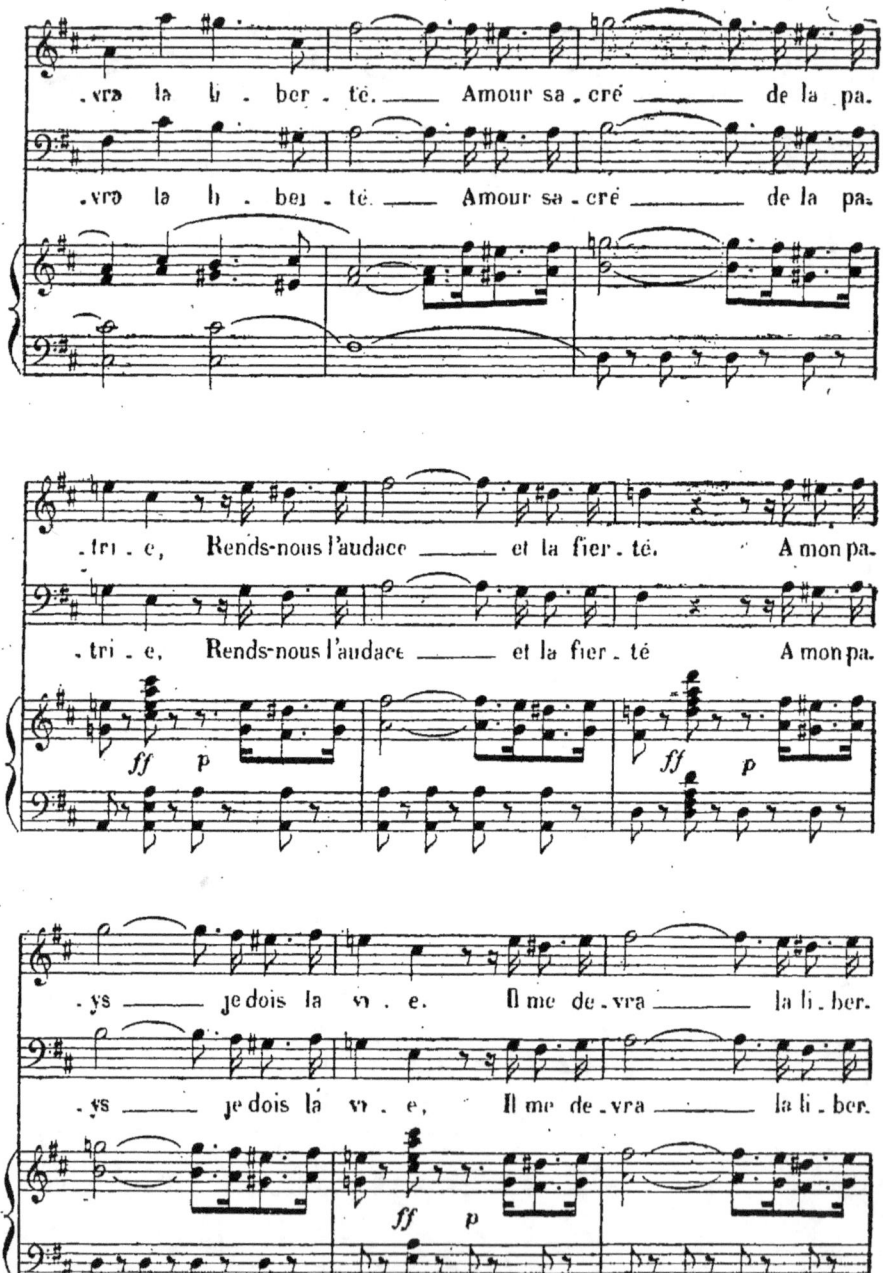

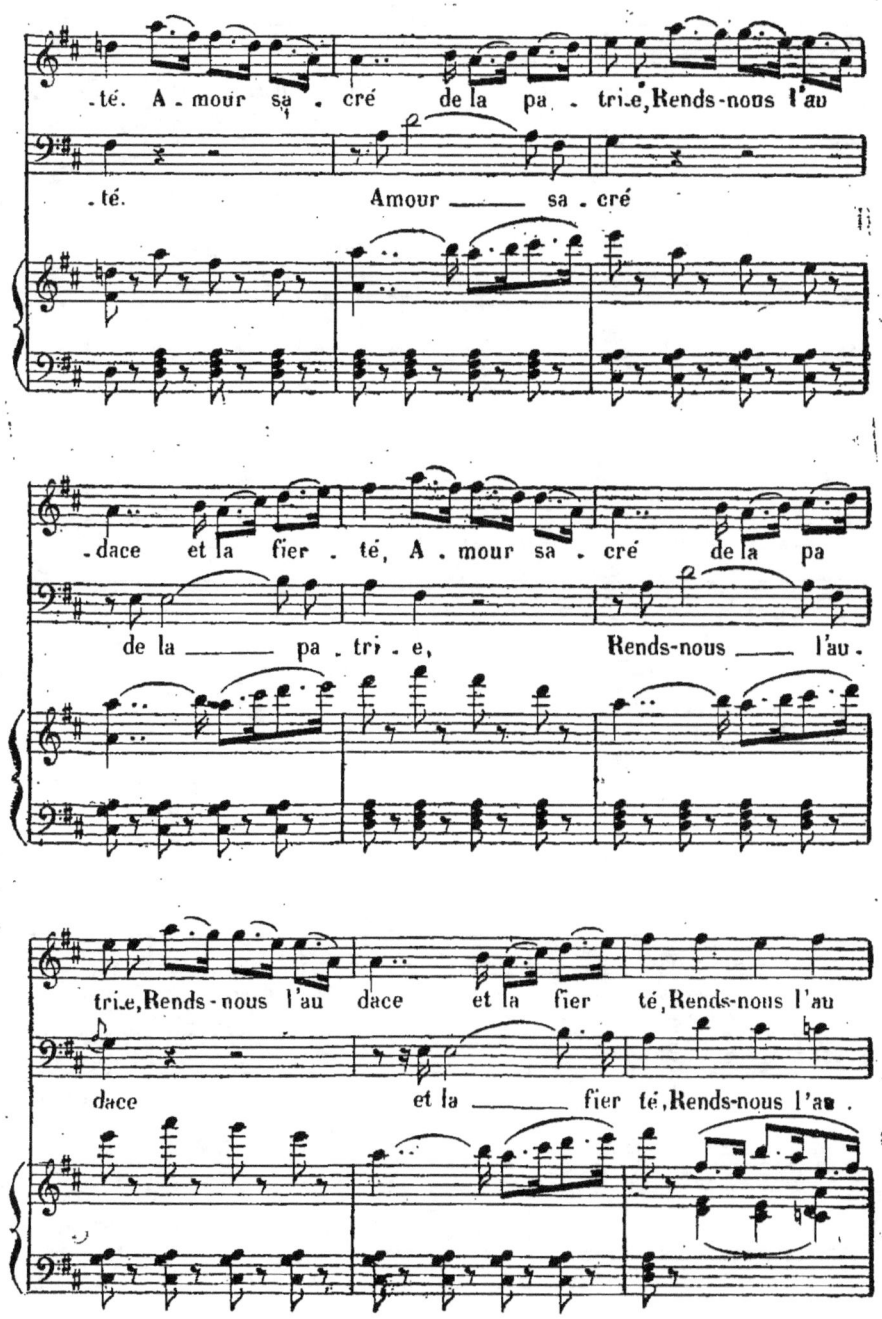

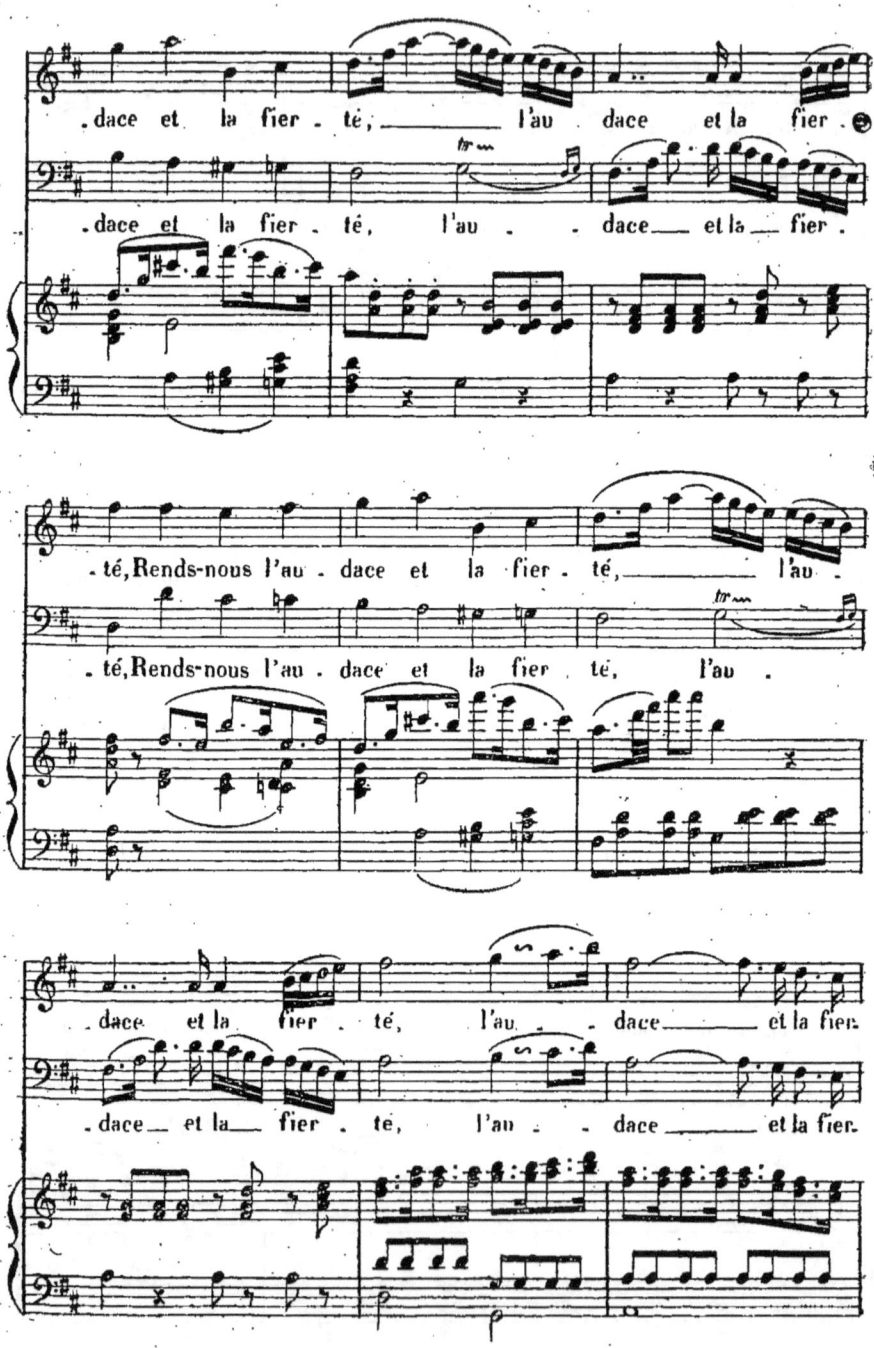

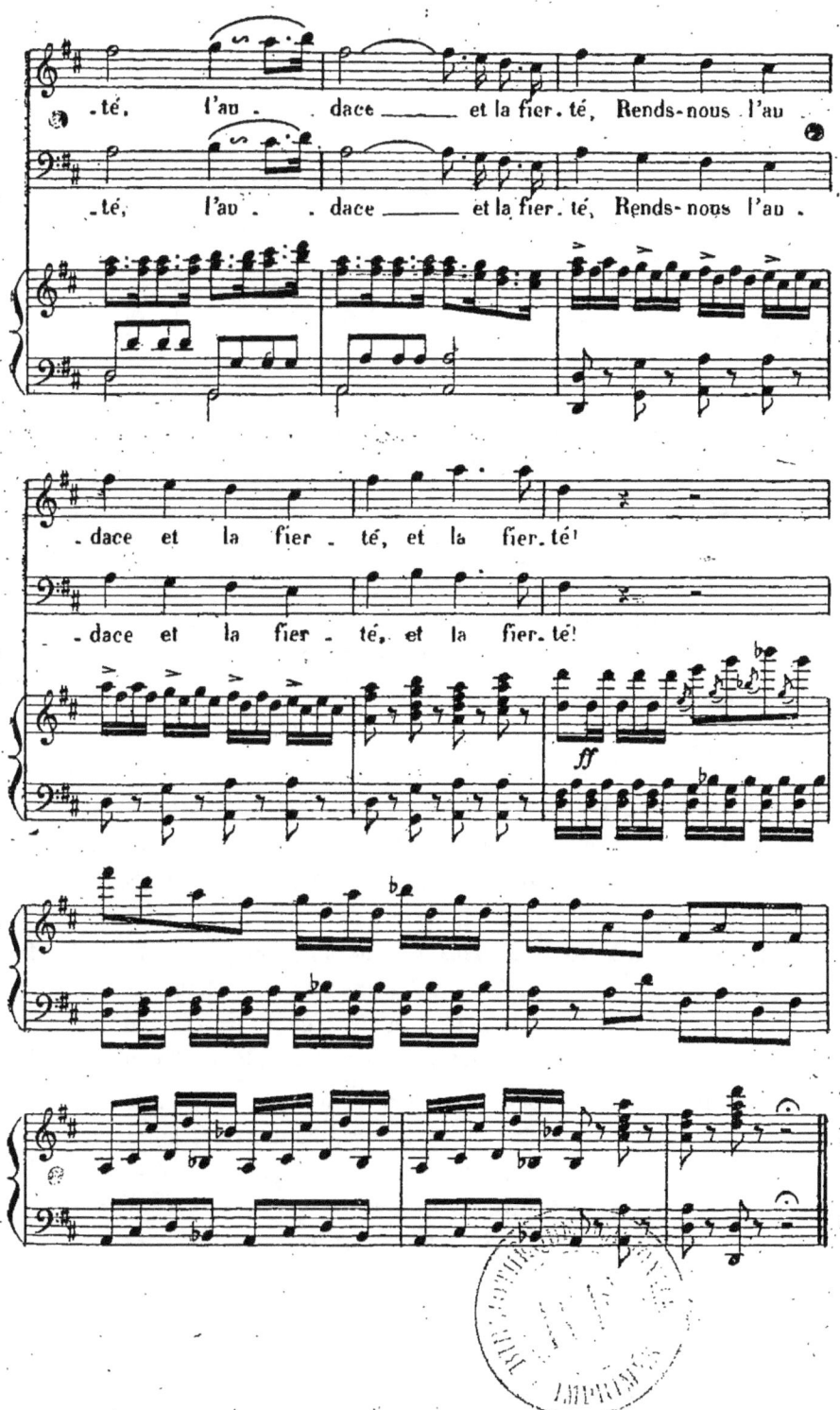

TABLE DES MATIÈRES

Lulli. — Au Clair de la lune............................	9
— musique............................	25
Rameau. — Un Morceau du a une perruche et un Opéra sous caution............................	27
— *Hippolyte et Aricie*, fragments d'un chœur.	44
Tartini. — La Sonate du diable............................	45
— *Trille de la sonate*, piano et violon....	56
Pergolèse. — Le Stabat mater............................	61
— Fragments du *Stabat*, chant et accompagnement............................	77
Haydn. — Le Diable boiteux; le Menuet du bœuf......	85
— *Le Menuet du bœuf*, pour piano.....	100
— *Les sept paroles du Christ*, fragments, piano............................	103
Mozart. — Les Noces de Figaro; Don Juan, etc........	107
— *Ariette de Zerline*, piano et chant....	144
— Air des *Noces de Figaro*, pour piano...	145
— *Requiem; Lacrymosa*, piano et chant...	146
Beethoven. — Une Sonate et trois Symphonies immortelles..	151
— Sonate n° 1 : fragment de *l'Adagio* pour piano............................	179
— Symphonie pastorale : *Fin de l'orage* et *Chant des bergers*, pour piano....	181

TABLE DES MATIERES

Cherubini. — Une Messe célèbre	181
— *Agnus Dei* de la messe en *fa*, piano et chant	195
Rossini. — L'aria dei Rizi et le Barbier de Séville	201
— *Di, tanti palpiti*, piano	216
Auber. — Un Opéra révolutionnaire	219
— *Amour sacré de la patrie*, chant et piano	232

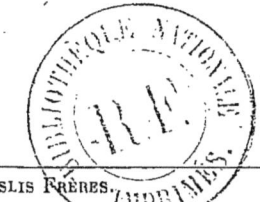

Tours, Imprimerie Deslis Frères.

www.ingramcon
Lightning Sourc
Chambersburg P
CBHW0502042
45470CB00